EL PODER DE ORAR

POR ROBERT COLLIER

1a. edición, septiembre 2014.

Nicolás San Juan 1043, Col. Del Valle
03100 México, D. F.
Tels. 5575-6615, 5575-8701 y 5575-0186
Fax. 5575-6695
www.grupotomo.com.mx
ISBN-13: 978-607-415-679-9
Miembro de la Cámara Nacional
de la Industria Editorial No. 2961

Traducción: Dhayana Perea y Alma A. García
Diseño de portada: Karla Silva
Foto de portada: Foto de portada: Igor Zh./Shutterstock.com • S.Dashkevych./Shutterstock.com
Formación tipográfica: Francisco Miguel M.
Supervisor de producción: Leonardo Figueroa

Este libro se publicó conforme al contrato establecido entre *Robert Collier Publications, Inc.* y *Grupo Editorial Tomo, S. A. de C. V.*

Impreso en México - *Printed in Mexico*

CONTENIDO

En el corazón del hombre, la oración;
en el corazón de Dios, la provisión.

PREFACIO

Estimado lector:

En su libro *La oración efectiva* Russell Conwell nos dice cómo una pequeña congregación, sin miembros ricos y casi sin ninguna propiedad, construyó una iglesia de 100 000 dólares con un capital inicial de 57 centavos, ¡todo a través del poder de la oración!

Al parecer, la gente había estado haciendo aportaciones tan generosas para la construcción de la iglesia, que el doctor Conwell dudó en agobiarlos con el gasto adicional para la compra de un órgano nuevo, pero un miembro de la congregación sintió que esto era mostrar falta de fe en el Dador de todos los dones, así que pidió permiso para intentar recolectar los 10 000 dólares necesarios y se lo concedieron con la condición de que no recurriera a quienes ya hubieran hecho una aportación para la construcción de la iglesia.

Así, este animado feligrés comenzó su campaña. Al no tener nada que aportar en lo personal, se vio en la necesidad de conseguir todo el dinero por medio de otras personas. Sin embargo, era tanta su fe que fue y firmó el contrato para el órgano, dejando pagarés personales que cubrían los 10 000 dólares.

El primer pago era por 1500 dólares, y al aproximarse la fecha del pago, él "luchó con el Señor" a través de una oración ferviente y emotiva. El pagaré se vencía un lunes, de manera que el domingo anterior pidió a las personas que se reunían para orar, que se acordaran de él, en especial a la mañana siguiente. El banco cerraba a las tres de la tarde y solamente tenía hasta esa hora para reunir la cantidad y evitar que le reclamaran el pago.

El lunes por la mañana, una chica que era miembro de la iglesia le entregó una carta. La abrió ¡y dentro de ella había un cheque por 1500 dólares! La carta y el cheque estaban firmados por un obrero de Massilon, Ohio, quien, habiendo oído que la iglesia necesitaba un órgano, "¡se sintió obligado a enviar el dinero!".

El segundo pago también llegó por correo con un giro que enviaron las personas de la compañía de órganos y que cubría la cantidad. Provenía del albacea de una herencia en California, explicando que el difunto había dejado a su criterio la distribución de ciertas cantidades, y él había decidido enviar esa cantidad, "¡para que el nuevo templo pudiera tener música!".

El pago final fue el más inexplicable de todos. Tres billetes de 100 dólares fueron empujados por debajo de la puerta del estudio de la iglesia, junto con un certificado de acciones mineras con un valor de 700 dólares, desde Butte, Montana, ¡sin ninguna anotación que indicara de quién provenía!

Estos son tan solo unos cuantos ejemplos de oraciones respondidas, de las decenas de casos que se mencionan en el libro de Conwell. Otros ejemplos incluyen toda necesidad humana posible, desde el pago de hipotecas hasta la localización de niños perdidos ¡y el regreso seguro de un niño raptado sin que se tuviera que pagar el rescate!

¿Qué es responsable de dichos resultados? ¿Qué es esta fuerza liberada por la oración ferviente que produce resultados tan milagrosos? ¿Podemos obtenerla, guiarla, dirigirla? ¿Podemos depender de ella como un factor seguro y confiable y no como un simple capricho del destino? Tal vez lo que sigue te dé la respuesta.

Atentamente,

¿QUÉ ES LA ORACIÓN?

ROBERT COLLIER

Pero las estrellas se agruparon en su gloria,
y cantaron acerca de Dios en el hombre;
elevaron cantos sobre el poderoso Maestro,
sobre el telar que abarcan sus manos,
donde una estrella o un alma es parte del todo,
y se entreteje en el plan maravilloso.

—ROBERT SERVICE

Si deseas conocer la forma más segura de acelerar tu velocidad de movimiento y tener incluso más de lo que deseas, ¡prueba la oración!

Cuando digo "oración" no me refiero a la que parece una súplica. No me refiero a muchas repeticiones en vano, que rara vez captan la atención incluso de la persona que las repite, mucho menos la atención del Señor. Consulta la Biblia y aprenderás cómo orar.

De las 600 000 palabras del Antiguo Testamento, solamente seis, cuando se traducen en sentido literal, significan "pedir" cosas en la oración, y cada una de estas seis se usa solo una vez.

En contraste, la palabra "palal" se usa cientos de veces para hacer referencia a "orar". Y "palal" significa "juzgar que eres una maravilla de la creación. Reconocer maravillas asombrosas en lo profundo de tu alma".

¿No parecería indicar eso que la oración tiene como propósito ser una comprensión de los poderes que están en lo profundo de ti? ¿No podrías pensar que todo lo que necesitas hacer es expandir tu conciencia para obtener cualquier cosa que desees?

"Por tanto les digo: Todo lo que pidan en oración, crean que ya lo han recibido y les será dado". No debes pensar en tus carencias y necesidades. ¡Debes visualizar las cosas que quieres! No debes preocuparte por esa deuda o ese pagaré; lo que sí debes hacer es ver mentalmente la Provisión Infinita a tu alrededor. "Todo lo que necesitas está cerca de ti; Dios es provisión absoluta. Confía, ten fe; así pues, escucha, y atrévete a afirmar el 'yo'."

Recuerda esto: Si oras a Dios, pero mantienes la atención en tu problema, seguirás teniendo el problema. Te encontrarás con el problema y continuarás teniéndolo en tanto mantengas tu atención centrada en él. Lo que debes hacer es centrar tu atención en Dios, en su bondad, en su amor, en su poder para remediar cualquier mal o ajustar cualquier condición desfavorable. Centra tu atención en lo antes mencionado y esas serán las condiciones con las que te encontrarás.

La oración es expansión y es expansión de ti mismo en el ser de Dios a todo tu alrededor. Así es como Kahlil Gibrán lo describe en su maravilloso libro *El profeta*:

> Pues ¿qué es la oración sino la expansión de tu ser en el éter vivo? Cuando estás orando te elevas para hallar en el aire a quienes están rezando en ese mismo instante, y a los cuales, fuera del momento de la oración, no po-

drías hallar. Por lo tanto, haz que tu visita a ese templo invisible no sea más que para el éxtasis y la comunión amable. No puedo enseñarte cómo se reza con palabras. Dios no oye tus palabras salvo cuando es él mismo quien las expresa a través de tus labios.

La oración es la comprensión de tu Unidad con Dios y del poder infinito que esto te otorga. Es una aceptación del hecho de que no hay nada en la tierra que no puedas tener una vez que mentalmente hayas aceptado el hecho de que puedes tenerlo. No hay nada que no puedas hacer una vez que hayas comprendido el hecho de que puedes hacerlo.

En pocas palabras, la oración consiste en dar las gracias por el bien infinito que Dios te ha dado. La palabra que con más frecuencia se usa en el Antiguo Testamento para hacer referencia a la "oración" significa: "Cantar una canción de alegría y alabanza".

¿Y con cuánta frecuencia ves que ese método es usado por todo gran personaje importante de la Biblia? Cuando repasas los actos de Jesús, así como sus enseñanzas, encuentras el elemento resplandeciente de la alabanza y la gratitud. Cuando Jesús miró las cinco hogazas de pan y los dos pequeños peces y se dio cuenta que tenía una multitud por alimentar, su primer pensamiento fue un pensamiento de alabanza. "Elevando los ojos al cielo, los bendijo". Cuando resucitó a Lázaro, primero alabó a Dios y le dio las gracias.

¿Acaso cuando Pablo y Silas se encontraban en la cárcel, encadenados, se quejaron? ¿Se arrodillaron y suplicaron pidiendo ayuda? Al contrario, cantaron himnos de alabanza y las paredes se derrumbaron, y quedaron en libertad. "Pero el justo canta y se alegra". "Y todos los hijos de Dios gritaban de gozo".

Repasa el Antiguo Testamento y ve con cuánta frecuencia se te exhorta: "Alaba al Señor y dale las gracias, para que entonces la tierra brinde su expansión". Es probable que ninguna de las vidas que se muestran en las Escrituras haya estado tan asediada por pruebas y peligros como la del rey David. ¿Y cuál fue su remedio? ¿Qué fue lo que lo llevó a pasar por todas las tribulaciones y alcanzar el poder y las riquezas? Solo leamos los Salmos de David y lo verás:

> Jehová reinó: regocíjese la tierra;
> Alégrense las muchas islas.
> Bendice, alma mía, a Jehová;
> Y que todo lo que está dentro de mí, *bendiga*
> Su santo nombre...
> Él es el que perdona todas tus iniquidades;
> Él es el que sana todas tus enfermedades.

A lo largo de la Biblia se nos dice: "En toda ocasión, con oración y ruego, presenten sus peticiones a Dios y denle gracias". Una y otra vez se enfatiza la raíz de la inspiración y el logro: Regocíjate, muéstrate contento, alaba, ¡da las gracias! "Y pruébenme ahora en esto, dice Jehová de los ejércitos, si no les abriré las ventanas de los cielos, y vaciaré sobre ustedes bendición hasta que sobreabunde".

La interpretación más completa de la oración que haya yo oído provino del hombre que escribió: "En un tiempo, yo solía decir: 'Por favor'. Ahora digo: `Gracias'". "Entren ustedes por sus puertas con acción de gracias", nos invita el salmista, "por sus atrios con alabanza; alábenlo, bendigan su nombre". Y los apóstoles de Cristo nos dicen lo mismo: "Así que, ofrezcamos siempre a Dios un sacrificio de alabanza. Por nada estén afanosos, sino sean conocidas sus peticiones delante de Dios en toda oración y ruego, con acción de gracias".

Alguien ha dicho que la oración es el espíritu de Dios afirmando que Sus obras son buenas. "Este es el día que Jehová ha hecho; regocijémonos y alegrémonos en él." También es una psicología profunda, según lo atestigua el profesor William James de Harvard al escribir: "Si te falta la alegría, te falta todo".

Depender de Dios total e incondicionalmente, eso es la oración de la fe. No es implorarle a Dios para pedirle algo específico, sino reconocer de manera clara e incuestionable que el poder de ser, hacer y tener las cosas que quieres es inherente a ti que solamente tienes que reconocer este poder y poner tu confianza en él para obtener cualquier cosa de bien que desees.

Sin embargo, tal vez has orado larga y fervientemente por alguna cosa en particular y no se te ha dado. ¿Y entonces? ¿Alguna vez se te ha ocurrido que la respuesta estaba ahí, pero no la recibiste porque no estabas preparado o dispuesto a aceptarla?

Dios siempre responde a las oraciones. Una y otra vez Él nos lo dice. La respuesta a tu oración es tan segura como que amanecerá el día de mañana. Tú eres el que no está seguro. No estás seguro, y, entonces, no aceptas la respuesta.

Si la aceptaras, actuarías conforme a ella, ¿no es cierto? ¿En alguna ocasión has actuado conforme a la respuesta a esas largas y fervientes oraciones tuyas? Sin embargo, así es como debe ser si quieres orar para tener una respuesta... y obtenerla. Si oras para tener salud, debes aceptar la salud. Debes actuar como si ya la tuvieras. Si oras por otras cosas, debes aceptarlas de inmediato y comenzar a hacer (incluso a la escala más pequeña) lo que harías cuando la respuesta a tu oración se hiciera evidente.

> Y todo lo que pidan en oración, crean que ya lo han recibido, y lo recibirán. –Mateo 21:22

ESPERA EN DIOS

Alma mía, espera en Dios, permite que tu deseo se sienta tan fuerte, que el fuego sagrado encendido en el altar de mi corazón pueda marcarlo como tuyo. No permitas que nadie, de tus deseos y de los de Dios me desvíe; pues tengo el bien que busco, cuando a Él elevo mi oración.

—Anónimo

PODER INTERNO

HANNAH ORTH

YO NUNCA mi trabajo intento hacer
solo mediante mi poder.
Cuando comienzo, digo mi oración
ante el trono sagrado de Dios.
Pido que Su fuerza todopoderosa
realice, a través de mí, su voluntad
Así, cada tarea se hace con facilidad;
como ves, me cargo con Su poder.

¡LA ORACIÓN FUNCIONA!

ROBERT COLLIER

La manera más sencilla de aprender cómo funciona un principio consiste, primero, en tomarlo en su forma más simple, ver cuáles son los factores que lo animan y, luego, dar seguimiento a la operación de esos factores a través de todas las formas complicadas que siguen.

Así pues, con el fin de ver cómo operan las oraciones, tomemos una sola célula nerviosa, encontremos los factores que la animan y luego veamos si estos factores permanecen constantes incluso en un organismo tan complicado como la Mente.

Recurramos, primero, al esquema de la típica célula nerviosa tal y como se presenta en cualquier libro médico reconocido. ¿Qué encuentras? De un costado del cuerpo de la célula se extiende una larga fibra que se conecta con algún músculo o alguna parte de la piel. Esta fibra forma parte de la célula nerviosa y transmite los estímulos o las órdenes desde la célula hasta el músculo que controla y es a través de ella que esa energía nerviosa se transforma en energía muscular. Los pensamientos, las emociones, los deseos, envían impulsos a las células nerviosas, proporcionando los estímulos que ponen a los músculos en acción.

Así pues, si tienes un deseo que requiere solamente la acción de un músculo, ¿qué sucede? Tu deseo asume la forma de un impulso dirigido a la célula nerviosa que controla ese músculo; las órdenes viajan a través de la fibra de la célula hasta el músculo, el cual rápidamente se contrae de acuerdo con los estímulos que se le han dado, y tu deseo queda satisfecho.

Pero, ¿qué pasaría si el músculo descubre que el trabajo es demasiado grande para él solo? ¿Qué pasaría si se requiere el poder conjunto de todos los músculos del cuerpo?

Como se expresó anteriormente, a un costado de cada célula nerviosa se encuentra una larga fibra que lleva los mensajes desde las terminaciones sensoriales en la piel hasta la célula nerviosa, registrando las sensaciones y las impresiones. ¡Pero eso no es todo! En el extremo de la célula hay fibras cortas que aparentemente terminan en el espacio, y mientras los nervios están en descanso, estas fibras, asimismo, se encuentran flotando en el espacio.

Pero si despiertas a las células nerviosas, si les das un trabajo por hacer mayor a los músculos que están bajo su mando, ¡verás la actividad de estas fibras cortas! Se animan para algún propósito. Despiertan a las células nerviosas que están cerca de ellas y las estimulan para que estas, a su vez, despierten a aquellas con las que están en contacto, hasta que, en caso de ser necesario, cada célula en el cuerpo esté en movimiento y cada músculo esté tenso y preparado para cualquier trabajo que puedas requerir.

Ahora bien, eso es lo que sucede cuando oras. Eres una célula en el gran cuerpo divino del universo. Cuando trabajas con tus manos, con tus pies, con tu cuerpo, estás usando los músculos bajo el control inmediato de tu propia célula. Pero esa es una parte infinitamente pequeña del universo. Es como si trataras de hacer todo tu trabajo con el más diminuto músculo de tu dedo meñique, cuando podrías recurrir a todo el poder de la mano, o de hecho, ¡de todo el cuerpo! Es como si alguna de tus células nerviosas pensara que tiene que hacer el trabajo de todo el cuerpo, y tratara de llevar a cabo ese trabajo con el pequeño músculo que tiene a su disposición.

De manera que el hombre sabio lleva a cabo en el cuerpo de Dios lo que la célula sabia realiza en tu propio cuerpo físico: ¡reza! En otras palabras, despierta a las demás células nerviosas para que usen los músculos que tienen a su disposición para ayudarle a realizar el trabajo que se le exige.

Y en eso consiste la oración: en usar las fibras que se encuentran al otro extremo de tu célula nerviosa, esas fibras que aparentemente terminan en el espacio, para mover las células cuya acción es necesaria para llevar a cabo tu deseo.

Esa es la razón por la que hace miles de años se decía en los Vedas que si dos personas unían sus fuerzas físicas, ¡podrían conquistar al mundo! Esa es la razón por la que Jesús nos dijo: "Si dos de ustedes se pusieran de acuerdo en la tierra acerca de cualquier cosa que pidieren, les será hecho por mi Padre que está en los cielos, porque donde están dos o tres congregados en mi nombre, allí estoy yo en medio de ellos".

Cuando dos o más células nerviosas se unen para una determinada acción, obtienen esa acción, ¡aun si para producirla tienen que recurrir a cada célula del cuerpo para recibir ayuda!

Esto no significa que todo sea imposible para una sola célula o para una sola persona; es simplemente que cuando dos o más personas se unen para un propósito común, los resultados son más sencillos. Pero no hay ninguna cosa buena que cualquier hombre pida, creyendo, que no pueda obtener.

En el primer capítulo del Génesis, se dice que Dios dio al hombre el dominio sobre la tierra. Y es verdad. Es tan cierto como que cualquier célula nerviosa de tu cuerpo tiene dominio sobre tu cuerpo. Si lo dudas, deja que un nervio se irrite lo suficiente ¡y observa cuán rápidamente pone a los nervios de tu cuerpo a trabajar para deshacerse de esa irritación!

Una sola célula nerviosa de tu cuerpo, con un propósito fuertemente sostenido, puede poner en acción *a todas* las células de tu cuerpo para lograr dicho propósito. Una célula nerviosa en el cuerpo de Dios (en otras palabras, un hombre o una mujer) con un propósito fuertemente sostenido, puede poner en acción a todas las células del universo, ¡si eso fuera necesario para el logro de tal propósito!

¿Tiene esto algún significado para ti? ¿Significa algo saber que las palabras de los profetas y los visionarios son ciertas, que se puede confiar en las Escrituras, que en verdad existe un Poder en el universo que responde a la necesidad del hombre o la mujer más humilde con la misma rapidez que a las órdenes de los más encumbrados?

¡El mundo es tuyo! No importa si eres príncipe o mendigo, de sangre azul o roja, de piel blanca, negra, amarilla o morena. El Cuerpo Divino del universo no hace más distinción entre las células que la que tú haces para responder a los impulsos de las células nerviosas de tu propio cuerpo.

Rico o pobre, da igual. Ya sea que se encuentre en lo más alto o en lo más bajo, una célula puede causarte tantos problemas, o darte tantas satisfacciones, como otra. Y lo mismo ocurre con el Cuerpo Divino del universo. Los hombres son creados libres e iguales. Seguimos siendo células nerviosas libres e iguales en la Mente Divina del universo.

¿Qué tanto entendimiento tienes? ¿Y qué vas a hacer para aumentarlo? "Busca primeramente el reino de Dios y su justicia [entendimiento] y todo lo demás te será dado por añadidura". Es más fácil creerlo ahora, ¿no es cierto? Con el entendimiento correcto podrías gobernar al mundo. ¿Puedes pensar en alguna otra cosa más importante que adquirir entendimiento?

¿Qué fue lo que formó a Napoleón? Ciertamente, no fue su genio creativo. Provenía de una familia humilde. Sus hermanos eran de una inteligencia tan común y corriente que durante los años que estuvo en el poder, constantemente lo metieron en apuros debido a los errores que cometían. Él mismo estuvo atrasado en sus estudios. En la academia militar apenas se las arreglaba para aprobar los exámenes. En su clase ocupó el lugar 46, ¡y únicamente había 65 alumnos!

Incluso cuando era un joven oficial no había nada que lo distinguiera de los miles de oficiales que había. No tenía una creencia exorbitante en su capacidad o en su destino. De hecho, sus cartas muestran que estaba tan desalentado con respecto a sus perspectivas, ¡que con frecuencia pensaba en el suicidio!

¿Qué fue lo que transformó a este joven quejumbroso, desalentado, pobre y bastante ordinario, en el mayor genio militar de su época, en "el Hombre del Destino" y amo de la mayor parte de Europa?

En Estados Unidos tenemos hombres tan notables como Abraham Lincoln, hijo de un granjero pionero analfabeta, quien aprendió lo poco que se enseñaba en las escuelas rurales y llevó a cabo el arduo trabajo de la labranza hasta la edad de 19 años. Henry Ford nació en circunstancias modestas en una granja en Michigan y se educó en escuelas públicas. Ejerció el oficio de maquinista como aprendiz en la Dry Dock Engine Company y trabajó por las noches para un joyero.

George Washington Carver provenía de padres esclavos negros. A las seis semanas de edad, él y su madre fueron secuestrados y llevados a Arkansas por una pandilla de bandoleros. George fue rescatado a cambio de un caballo valuado en 300 dólares, pero no volvió a saberse de su madre. Posteriormente, progresó en sus estudios hasta llegar a la universidad. Como científico llevó a cabo una asombrosa serie de experimentos para desarrollar los usos industriales de los productos agrícolas. Fue miembro de la Royal Society of Arts de Londres y recibió la medalla Spingarn y la medalla Roosevelt por sus investigaciones.

Esos hombres no eran diferentes a ti o a mí. No tenían más cerebro, más vitalidad o más capacidad. En su juventud no mostraron signos de genialidad. Se abrieron paso con dificultad como tú o como yo, tanto que, nadie quedó más sorprendido que sus antiguos vecinos —quienes los conocían bien— cuando repentinamente ascendieron y adquirieron poder. Como lo expresó Edgar Guest en uno de sus breves y conmovedores poemas:

> Los grandes fueron alguna vez como tú.[1]
> Aquellos a quienes los hombres engrandecen

hoy en día, alguna vez avanzaron con dificultad
y erraron en el camino de la vida; tuvieron miedo
de sí mismos y pensaban que la grandeza de los
hombres con magia se forjaba.
Tenían miedo de intentar lo que podían hacer,
sin embargo, la Fama con el éxito ha coronado
los mismos dones con que tú fuiste creado.

¿Qué fue lo que marcó la diferencia? ¿Qué tienen ellos que no tengamos tú o yo? ¿Qué hizo que eso cobrara vida? ¿Cuál es su talismán y dónde podemos encontrar uno?

Posiblemente la mejor respuesta la brindan las palabras de otro poeta, Berton Braley:

Si deseas lo suficiente una cosa[2]
como para ir a luchar por ella,
trabajar día y noche por ella,
renunciar a tu tiempo, a tu paz y a
tu descanso por ella,
si el solo desearla,
hace que enloquezcas lo suficiente por ella
como para que nunca te canses de ella,
y hace que sientas que todo lo demás
es despreciable y corriente.

Si la vida te parece vacía e inútil sin ella
y todo lo que planeas y sueñas tiene que
ver con ella,
si sudas con gusto por ella,
te preocupas por ella,
planeas por ella,
pierdes todo temor a Dios o al hombre por ella.
Si simplemente vas tras aquello que quieres,
con toda tu capacidad,
fortaleza y sagacidad,

con fe, esperanza y confianza, firme persistencia;
si ni la fría pobreza, ni el hambre y ni la delgadez,
ni la enfermedad ni el dolor
del cuerpo o la mente
pueden alejarte de aquello que deseas,
si obstinado y resuelto, la acosas y asedias,
¡la obtendrás!

En pocas palabras, el talismán que sacude y pone en acción al cuerpo del universo y hace que un país o el mundo entero se ponga a tus pies, en caso de que eso fuera necesario para el logro de tu propósito, es el mismo talismán que se necesita para poner el cuerpo físico al servicio de cualquier célula nerviosa, ¡un propósito sostenido con tanta fuerza que la vida o la muerte o cualquier otra cosa parece poco comparado con dicho propósito! ¡Un propósito, y una fe absoluta en él!

La fe en los amuletos, la creencia en la suerte, la confianza absoluta en el liderazgo de otra persona, todos esos son talismanes de mayor o menor poder.

¡Pero el más grande de todos es la creencia en el Dios que habita en ti! Creer en su poder para atraer hacia sí mismo cada elemento que necesita para expresarse. Creer en un propósito definido que vino aquí a cumplir, ¡y que solo puede cumplirse a través de ti!

¿Tienes esa clase de fe? Si no es así, ¡adquiérela! Pues sin esa clase de fe la vida carece de propósito y significado. Es más, ¡mientras no te aferres a ese talismán la vida jamás te brindará nada de valor!

¿Qué fue lo que hizo que el presidente Grant convenciera a sus más brillantes oponentes? ¡El propósito serio, tenaz y persistente de llegar a una resolución, aunque eso le llevara el verano entero! ¿Qué es lo que ha hecho que Inglaterra salga victoriosa en tantas batallas, a pesar de su liderazgo incompetente y sus costosas equivocaciones? Esa misma determinación férrea, que no se rinde a pesar de todos los reveses y desalientos, hasta que gana la batalla. ¿Qué fue lo que hizo que el juez injusto se abrumara en la parábola que Jesús contó?

> Jesús les contó una parábola para enseñarles que debían orar siempre, sin desanimarse. Les dijo: "Había en un pueblo un juez que ni temía a Dios ni respetaba a los hombres. En el mismo pueblo había también una viuda que tenía un pleito y que fue al juez a pedirle justicia contra su adversario".
>
> Durante mucho tiempo el juez no quiso atenderla, pero después pensó: "Aunque ni temo a Dios ni respeto a los hombres, sin embargo, como esta viuda no deja de molestarme, la voy a defender, para que no siga viniendo y acabe con mi paciencia".
>
> Y el Señor añadió: "Esto es lo que dijo el juez malo. Pues bien, ¿acaso Dios no defenderá también a sus escogidos, que claman a él día y noche? ¿Los hará esperar? Les digo que los defenderá sin demora. Pero cuando el Hijo del hombre venga, ¿encontrará todavía fe en la tierra?".

Si el nervio que está en una muela se la pasa "gritando" que una caries en esa muela necesita atención, ¿acaso no dejarás todo finalmente y saldrás a buscar a un dentista que pueda satisfacer las necesidades de ese nervio? Y si algún otro nervio "ora" continuamente para tener atención, ¿acaso no harías lo mismo con él?

Pues bien, tú eres un nervio en el cuerpo de Dios. Si tienes una necesidad urgente y te mantienes rezando e insistiendo y exigiendo el remedio, ¿acaso no crees que lo obtendrás con la misma certeza?

Un propósito definido, mantenido frente a cualquier desánimo o fracaso, a pesar de los obstáculos y oposición, tendrá la victoria sin importar cuáles sean las probabilidades. Es esa sola célula nerviosa que trabaja en contra de la indiferencia, la inercia o incluso la oposición activa por parte de todo el grupo. Si la célula se desanima fácilmente, fracasará. Si está dispuesta a esperar indefinidamente, tendrá que esperar. Pero si sigue agitando a las células que están junto a ella y las estimula para que muevan a las más lejanas, eventualmente el sistema nervioso entrará en acción y producirá el resultado que esa sola célula desea, incluso si solo consiste en deshacerse del dolor constante.

Has visto a jóvenes decididos a ir a la universidad. Quizá habrás considerado que son unos insensatos, debido a los obstáculos con que se enfrentan. Sin embargo, cuando han persistido, has sido testigo de cómo a menudo esos obstáculos han ido desapareciendo uno tras otro mágicamente, hasta que en la actualidad se encuentran con el fruto de sus deseos. Un propósito firmemente sostenido, en el cual se persiste y se cree, tiene la victoria tan asegurada al final, como que el sol saldrá mañana por la mañana. La oración constante es para el cuerpo de Dios lo que un nervio punzante es para ti. Aférrate a ella, insiste en ella y ten por seguro que será escuchada. Pero recuerda:

> El que duda es como una ola del mar, que el viento lleva de un lado a otro. Quien es así, no crea que va a recibir nada del Señor. Santiago 1:6-7.

Un núcleo de un remolino de energía puede atraer hacia sí elementos materiales de cien o mil veces su tamaño. No obstante, sin importar qué tanto crezca, la parte importante, la parte activa, es el núcleo de energía, no los elementos que atrae.

Un cometa puede tener una cola de un millón de veces su longitud. Pero la cola es meramente incidental. El principio activador radica por completo en el cometa.

Ocurre lo mismo contigo, con tu vida y con tus circunstancias. No importa lo poco o mucho que tengas, lo grande o débil que sea tu cuerpo; lo importante es el espíritu que te anima, el propósito que le da vida.

El famoso científico inglés señor James Jeans, presenta este hecho con claridad en su libro *El universo misterioso.*

Sir James dice que el universo no tiene sustancia. Solo está compuesto por ondas y nada más existe en la mente, ¡como un objeto del pensamiento! Dice: "No importa si los objetos existen en la mente o en la de otro espíritu creado o no; su objetividad surge de su existencia en la mente de algún Espíritu Eterno.

"Actualmente existe un amplio consenso, que en el aspecto físico de la ciencia alcanza casi la unanimidad, respecto a que la corriente del conocimiento se dirige a una realidad no mecánica; el universo comienza a parecer más como un gran pensamiento que como una gran máquina.

"La mente ya no aparece como un intruso accidental en el reino de la materia; estamos comenzando a sospechar que más bien deberíamos aclamarla como la creadora y gobernadora del reino de la materia.

"Descubrimos que el universo muestra evidencias de un poder que diseña o controla, y que tiene algo en común con nuestras mentes individuales. Y aunque mucho de esto puede resultar desfavorable para los apéndices materiales de la vida, mucho también está relacionado con las actividades fundamentales de la vida".

En otras palabras, de ver la vida como un mero accidente en el fango primigenio, de concebir el universo solo como una gran máquina a la que de alguna forma se le dio cuerda y ahora está funcionando por sí misma, de creer que el hombre es simplemente una forma superior de mono, la ciencia ha progresado hasta ver evidencias en la actualidad de la Mente que está detrás de todo esto, que tiene atisbos del Plan Divino, y se maravilla ante su propia temeridad por haber llegado a pensar en limitar esa concepción infinita.

La Mente es el núcleo. Lo demás es simplemente incidental. ¡Y tú formas parte de esa gran Mente Creativa! ¿Qué importa cuáles puedan ser tus circunstancias o lo que te rodea? "Solo existen en tu mente"; en la tuya y en la de quienes te rodean. Así pues, ¿por qué no cambiarlas? ¿Por qué estar atado a una idea, cuando todo lo que tienes que hacer es darte cuenta de que no tiene sustancia, y así repudiarla, desecharla y reemplazarla por una mejor?

> No existe vida, poder o inteligencia en ninguna circunstancia o condición. Todo es Mente, sus imágenes y creencias. La Mente forma los moldes. La Fe los llena. La Mente es el Creador. La Fe es el constructor. Por lo tanto, las únicas cosas que importan son tus imágenes mentales y tu creencia en ellas.

Por tanto, ¿cuál es el remedio para cada circunstancia o condición inapropiada? Primero, negarla: saen común con nuestras mentes individuales. Y aunque mucho de esto puede resultar desfavorable para los apéndices materiales de la vida, mucho también está relacionado con las actividades fundamentales de la vida".

En otras palabras, de ver la vida como un mero accidente en el fango primigenio, de concebir el universo solo como una gran máquina a la que de alguna forma se le dio cuerda y ahora está funcionando por sí misma, de creer que el hombre es simplemente una forma superior de mono, la ciencia ha progresado hasta ver evidencias en la actualidad de la Mente que está detrás de todo esto, que tiene atisbos del Plan Divino, y se maravilla ante su propia temeridad por haber llegado a pensar en limitar esa concepción infinita.

La Mente es el núcleo. Lo demás es simplemente incidental. ¡Y tú formas parte de esa gran Mente Creativa! ¿Qué importa cuáles puedan ser tus circunstancias o lo que te rodea? "Solo existen en tu mente"; en la tuya y en la de quienes te rodean. Así pues, ¿por qué no cambiarlas? ¿Por qué estar atado a una idea, cuando todo lo que tienes que hacer es darte cuenta de que no tiene sustancia, y así repudiarla, desecharla y reemplazarla por una mejor?

> No existe vida, poder o inteligencia en ninguna circunstancia o condición. Todo es Mente, sus imágenes y creencias. La Mente forma los moldes. La Fe los llena. La Mente es el Creador. La Fe es el constructor. Por lo tanto, las únicas cosas que importan son tus imágenes mentales y tu creencia en ellas.

Por tanto, ¿cuál es el remedio para cada circunstancia o condición inapropiada? Primero, negarla: sa-

ha hecho que Inglaterra salga victoriosa en tantas batallas, a pesar de su liderazgo incompetente y sus costosas equivocaciones? Esa misma determinación férrea, que no se rinde a pesar de todos los reveses y desalientos, hasta que gana la batalla. ¿Qué fue lo que hizo que el juez injusto se abrumara en la parábola que Jesús contó?

> Jesús les contó una parábola para enseñarles que debían orar siempre, sin desanimarse. Les dijo: "Había en un pueblo un juez que ni temía a Dios ni respetaba a los hombres. En el mismo pueblo había también una viuda que tenía un pleito y que fue al juez a pedirle justicia contra su adversario".
>
> Durante mucho tiempo el juez no quiso atenderla, pero después pensó: "Aunque ni temo a Dios ni respeto a los hombres, sin embargo, como esta viuda no deja de molestarme, la voy a defender, para que no siga viniendo y acabe con mi paciencia".
>
> Y el Señor añadió: "Esto es lo que dijo el juez malo. Pues bien, ¿acaso Dios no defenderá también a sus escogidos, que claman a él día y noche? ¿Los hará esperar? Les digo que los defenderá sin demora. Pero cuando el Hijo del hombre venga, ¿encontrará todavía fe en la tierra?".

Si el nervio que está en una muela se la pasa "gritando" que una caries en esa muela necesita atención, ¿acaso no dejarás todo finalmente y saldrás a buscar a un dentista que pueda satisfacer las necesidades de ese nervio? Y si algún otro nervio "ora" continuamente para tener atención, ¿acaso no harías lo mismo con él?

Pues bien, tú eres un nervio en el cuerpo de Dios. Si tienes una necesidad urgente y te mantienes rezando e insistiendo y exigiendo el remedio, ¿acaso no crees que lo obtendrás con la misma certeza?

Un propósito definido, mantenido frente a cualquier desánimo o fracaso, a pesar de los obstáculos y oposición, tendrá la victoria sin importar cuáles sean las probabilidades. Es esa sola célula nerviosa que trabaja en contra de la indiferencia, la inercia o incluso la oposición activa por parte de todo el grupo. Si la célula se desanima fácilmente, fracasará. Si está dispuesta a esperar indefinidamente, tendrá que esperar. Pero si sigue agitando a las células que están junto a ella y las estimula para que muevan a las más lejanas, eventualmente el sistema nervioso entrará en acción y producirá el resultado que esa sola célula desea, incluso si solo consiste en deshacerse del dolor constante.

Has visto a jóvenes decididos a ir a la universidad. Quizá habrás considerado que son unos insensatos, debido a los obstáculos con que se enfrentan. Sin embargo, cuando han persistido, has sido testigo de cómo a menudo esos obstáculos han ido desapareciendo uno tras otro mágicamente, hasta que en la actualidad se encuentran con el fruto de sus deseos. Un propósito firmemente sostenido, en el cual se persiste y se cree, tiene la victoria tan asegurada al final, como que el sol saldrá mañana por la mañana. La oración constante es para el cuerpo de Dios lo que un nervio punzante es para ti. Aférrate a ella, insiste en ella y ten por seguro que será escuchada. Pero recuerda:

> El que duda es como una ola del mar, que el viento lleva de un lado a otro. Quien es así, no crea que va a recibir nada del Señor. Santiago 1:6-7.

Un núcleo de un remolino de energía puede atraer hacia sí elementos materiales de cien o mil veces su tamaño. No obstante, sin importar qué tanto crezca, la parte importante, la parte activa, es el núcleo de energía, no los elementos que atrae.

Un cometa puede tener una cola de un millón de veces su longitud. Pero la cola es meramente incidental. El principio activador radica por completo en el cometa.

Ocurre lo mismo contigo, con tu vida y con tus circunstancias. No importa lo poco o mucho que tengas, lo grande o débil que sea tu cuerpo; lo importante es el espíritu que te anima, el propósito que le da vida.

El famoso científico inglés señor James Jeans, presenta este hecho con claridad en su libro *El universo misterioso*.

Sir James dice que el universo no tiene sustancia. Solo está compuesto por ondas y nada más existe en la mente, ¡como un objeto del pensamiento! Dice: "No importa si los objetos existen en la mente o en la de otro espíritu creado o no; su objetividad surge de su existencia en la mente de algún Espíritu Eterno.

"Actualmente existe un amplio consenso, que en el aspecto físico de la ciencia alcanza casi la unanimidad, respecto a que la corriente del conocimiento se dirige a una realidad no mecánica; el universo comienza a parecer más como un gran pensamiento que como una gran máquina.

"La mente ya no aparece como un intruso accidental en el reino de la materia; estamos comenzando a sospechar que más bien deberíamos aclamarla como la creadora y gobernadora del reino de la materia.

"Descubrimos que el universo muestra evidencias de un poder que diseña o controla, y que tiene algo car de ella la vida de tu creencia. Destruye tu imagen o el molde mental de las condiciones equivocadas. Date cuenta de que no hay sustancia en la materia, que es simplemente una cierta cantidad de ondas de fuerza, que se contraen o se expanden mediante el pensamiento, de manera que tus creencias son lo único que cuenta. De acuerdo con lo que dice señor James Jeans: "En el proceso científico, las viejas leyes conocidas de la conservación de la materia, de la masa y la energía se reducen a una; ¡quedan absorbidas en la ley de la radiación!".

Como dijo una persona que escribió un comentario sobre su libro: "En pocas palabras, el universo es como una burbuja de jabón con estrellas insustanciales, cuya suma es mayor a los granos de arena de todas las playas del mundo, flotando en su superficie insustancial. Alrededor de este globo vacío, la luz se curva y se dobla sobre sí misma, mostrando que el espacio en sí es finito. Teniendo una tierra aparentemente sólida bajo nuestros pies, la vasta estructura del cielo arriba de nosotros, y ladrillos y acero para darnos un techo, todo eso suena extraño y fantástico, como un sueño producido por la fiebre. Pero el pensamiento detrás de todo ello necesariamente implica un Pensador".

Eres parte de ese gran Pensador: una unidad independiente, capaz de portar todo Su poder para poner en práctica la solución a tus pequeños problemas. Eres una unidad de esa Mente Universal, e igual que el vástago de un roble tiene las propiedades del roble progenitor, igual que una gota de agua del océano contiene las propiedades del océano entero, ¡de esa misma forma tú tienes todas las propiedades de Dios! Eres un creador. Puedes construir tus propias circunstancias y las condiciones que sean apropiadas para ti. Y en caso de ser necesario, ¡puedes pedir a la totalidad del cuerpo del universo que te ayude!

¿Qué es lo que hace que el niño nade cuando es lanzado de repente al agua profunda? ¿Qué es lo que hace posible que un paralítico que no se ha movido de su cama en cinco años, se levante de un salto y suba corriendo tres tramos de la escalera cuando el hombre que está en la cama de al lado enloquece y trata de matarlo? ¿Qué es lo que hace que un pabellón de paralíticos quede vacío cuando una boa constrictor sube por el tubo de desagüe para lluvia y entra por la ventana? ¿Qué fue lo que animó a Brown Landone, quien había estado en cama por 17 años, con las rodillas hinchadas del tamaño de baldes de agua, con el corazón orgánicamente enfermo y quien, sin embargo, cuando se presentó un incendio en su casa, no solamente subió las escaleras corriendo, sino que cargó tres pesados baúles?

¿Qué es lo que explica estos milagros de sanación que lees?

> Primero, el hecho de que la materia no es sólida, no es impermeable, no es sustancia real. Si lo fuera, ni todo el entusiasmo que hay en el mundo, ni toda la emoción, ni toda la fe, podrían cambiarla. La materia es fuerza: fuerza que se manifiesta en una gran densidad, es cierto, pero no por ello deja de ser fuerza. Y cuando se le estimula lo suficiente, puede lograrse que esas ondas de fuerza cambien de densidad.
>
> Segundo, esas ondas de fuerza carecen de inteligencia o voluntad. Responden a los impulsos exactamente de la misma forma en que los múscu-

los reaccionan a las órdenes de las células nerviosas que los gobiernan, y en la misma forma en que tus células nerviosas pueden desarticular cualquier condición del músculo, en la misma forma las células nerviosas del Cuerpo de Dios (del cual eres parte) pueden desarticular cualquier condición de tus circunstancias o tu medio ambiente.

Supón que estuvieras paralizado y que fueras incapaz de mover un solo músculo y que así hubieras estado durante años, como fue el caso de una de las personas mencionadas anteriormente. Y luego, en lo más oscuro de la noche, despertaras debido a un grito aterrador de "¡Fuego!". ¿Qué sucedería? Tu sistema nervioso central exigiría que las células nerviosas de tu cuerpo usaran todos los músculos que tuvieran a su cargo para ponerte a ti y a los que amas fuera de peligro.

No importaría si nueve décimas partes de esas células estuvieran paralizadas. En tanto hubiera vida en ellas, la otra décima parte produciría un estímulo tan urgente que agitaría cada porción durmiente de energía que hubiera en las nueve décimas partes y lograría obtener acción de ellas. Bajo el hechizo de la emoción intensa, todas las inhibiciones se olvidan y cada gramo de energía del sistema nervioso se concentra en la acción. En ese momento no hay tiempo para pensar en lo que puedes o no hacer; no hay tiempo para la debilidad o el dolor. Todas las facultades están dedicadas al logro de un propósito, y los débiles, los enfermos y los que están en cama ¡despliegan a menudo la fuerza de Hércules!

¿Por qué? Porque la salud, la fuerza y la inteligencia no radican en los músculos, los huesos o los tendones, ¡sino en la Mente! Y si puedes animar a los nervios del organismo con un propósito dominante, no existe ninguna acción de fuerza que sea posible para cualquier cuerpo humano que tú no puedas lograr. Puedes disolver cualquier condición de tu cuerpo, volver a moldear las ondas de fuerza de las que estás hecho. Todo lo que se requiere es emoción intensa, *y fe.*

Y de la misma forma como puedes disolver condiciones en tu propio cuerpo que han prevalecido durante mucho tiempo y producir condiciones más felices, igualmente puedes disolver condiciones equivocadas en tus circunstancias y en tu medio ambiente, produciendo las condiciones que deseas.

Eres una célula nerviosa en el cuerpo de Dios. Ese cuerpo está conformado por ondas de fuerza, al igual que el tuyo. Esas ondas responden a los impulsos de las células nerviosas del mismo modo que lo hacen tus músculos. Y otras células pueden estimular a esas células nerviosas para que se pongan en acción, igual que las que se encuentran en tus propios centros nerviosos.

¡Así que ocúpate y ponlas en acción! Primero, *quita* la vida de las condiciones que no quieres. Renuncia a ellas, déjalas ir, ¡y olvídalas! Entonces imagina y visualiza con claridad en tu mente lo que quieres, reclámalo como tuyo, trata de VERLO, de SENTIR que lo posees; date cuenta que el cuerpo de Dios no tiene más remedio que dártelo si insistes con la suficiente urgencia y confianza; así que ¡cree que recibirás! Nunca lo dudes, ¡lo obtendrás!

Esa es la respuesta a la pregunta: "¿Cuál fue el secreto de Napoleón?". Eso está detrás de cada gran fortuna, de todo gran éxito. Estos hombres exigieron lo que les correspondía por derecho de nacimiento. Ellos creían en su derecho al éxito. Y en lugar de encogerse y esperar, tendieron los brazos a lo que querían, ¡y lo tomaron!

Eso es lo que tú también debes hacer. Dios te dio el dominio. Él espera que tú lo ejerzas. Si no lo haces, tú eres el que pierde, no Dios. Él no va a hacer el trabajo por ti, más de lo que tú harías por tus propias células nerviosas. Cuando una célula nerviosa despierta a sus vecinas para que se pongan en acción, es por su propio bien, no el de ellas. Si una célula nerviosa es demasiado perezosa o está demasiado inerte como para funcionar por sí sola, las otras no se inmutan al respecto. Prosiguen con sus tareas, fortaleciendo sus conexiones con otras células activas y con los músculos que controlan hasta que puedan prescindir de la célula perezosa y si luego se pierde de la escena, ni siquiera se le extrañará.

El propósito de la vida es la expresión. Así que cuando tiendas los brazos a medios más grandes y más extensos de expresión, estarás trabajando con una de las leyes fundamentales del universo, la Ley de la Tendencia. Nadar con la marea hace que tu progreso sea muchas veces más y más rápido. Todas las fuerzas de la naturaleza parecen unirse para ayudarte en tu camino.

Quieres avanzar, expresar la vida al máximo. ¿Cómo puedes llevarlo a cabo?

Primero, date cuenta que no hay vida en las condiciones o circunstancias que te limitan o te detienen. Así pues, renuncia a ellas y no las tomes en cuenta. Quita de ellas la vida de tu creencia y podrás deshacerte de ellas.

Segundo, ¡establece tu meta! Decide exactamente qué acción deseas realizar, cómo quieres expresar mejor la vida y qué es esencial para dicha expresión.

Tercero, usa todos los medios que tienes a tu alcance para producir la consumación de tu deseo, igual que la célula nerviosa utiliza primero el músculo que controla antes de solicitar la ayuda de otras células nerviosas.

Cuarto, ¡ORA! Ora con el sereno conocimiento de que el gran cuerpo de Dios tiene todo lo que necesitas para que fructifique tu deseo. Ora, sabiendo que es tuyo el dominio, que si te aferras seria y firmemente a tu propósito, el cuerpo de Dios debe darte cuando menos un equivalente de tu deseo. Finalmente, ora, creyendo; cree que el cuerpo de Dios *está* accediendo a tu oración, ¡cree que estás recibiendo! Porque la oración, nos recuerda Phillips Brooks, no es doblegar la renuencia de Dios, sino asirse de la buena disposición de Dios.

Hazlo, y no habrá ninguna cosa buena que no puedas obtener.

Como dice A. Cressy Morrison en su espléndido libro, *Man Does not Stand Alone [El hombre no está solo*]:[3] "La riqueza de la experiencia religiosa encuentra el alma del hombre y lo eleva, paso a paso, hasta que se siente en la Presencia Divina. El grito instintivo del hombre, "Ayúdame Dios mío", es natural y es la oración más rústica que lo lleva más cerca de su Creador".

> Si le pides algo él te escuchará, y tú cumplirás las promesas que le hagas. Tendrás éxito en todo lo que emprendas; la luz brillará en tu camino. Porque Dios humilla al orgulloso y salva al humilde. Job 22:27-29.

UNA ORACIÓN

BONNIE SOULE REILLY

AMADO SEÑOR, vine a Ti en oración,
y en Ti encontré esperanza y confort.
Tú me diste la sabiduría, el valor y el poder
que en esa hora tanto necesitaba tener.

Antes de pedirlo, Tú sabías mi necesidad;
la respuesta llegó a la mayor brevedad.
Tiernamente, con amor diste alimento
a mi alma cuando necesitó sustento.

De nuevo, querido Señor, vengo a orar
por orientación y ayuda, a lo largo del camino.
Enséñame las cosas que no debo ignorar;
muéstrale el sendero a Tu hijo peregrino.

Moldéame, oh Dios, para que pueda estar
preparado para servir correctamente;
y en el nombre de Tu querido Hijo vuelvo a orar
pidiéndote, una vez más, que se haga Tu voluntad.

EL MAYOR DESCUBRIMIENTO

Cuando al finado doctor Charles Steinmetz, científico investigador para los Laboratorios de General Electric, se le preguntó en qué área de la ciencia se realizarían los mayores descubrimientos en los próximos cincuenta años, respondió:

"Pienso que el mayor descubrimiento se realizará en el área espiritual. Aquí hay una fuerza que, claramente enseña la historia; ha sido el mayor poder en el desarrollo del hombre y de la historia. Sin embargo, simplemente hemos estado jugando con ella y nunca la hemos estudiado con seriedad, como lo hemos hecho con las fuerzas físicas. Algún día la gente aprenderá que las cosas materiales no producen la felicidad y que son de poca utilidad para hacer que los hombres y las mujeres sean creativos y poderosos. Los científicos del mundo volcarán sus laboratorios al estudio de Dios, de la oración y de las fuerzas espirituales que, hasta ahora, apenas se han estudiado. Cuando llegue ese día, el mundo presenciará mayores avances en una generación que en las últimas cuatro generaciones.

ORACIÓN EFECTIVA[4]

Russell H. Conwell

Los reportes de las respuestas a las oraciones usan con tanta frecuencia las palabras "me vino a la mente", que el observador no puede escapar a la convicción de que o bien la mente humana envía mensajes espirituales o algún poder misterioso actúa en su nombre para transmitirlos. Los innumerables impulsos misteriosos e intuiciones que se observaron en esas temporadas interesantes de oración no pudieron haber sido accidentes en su totalidad ni podrían clasificarse bajo las leyes naturales de causa y efecto. La conexión entre la causa, según se ve en las oraciones, y el efecto, según se relaciona con el resultado de "me vino a la mente", a menudo queda completamente oculta.

Una madre en Filadelfia oraba por su hijo pródigo y, en ese momento exacto, el hijo, solo en un hotel de Chicago, sentía un impulso incontrolable de regresar a casa. Un padre oraba para que su hijo pudiera decidir ser misionero, y el hijo, que era marinero y estaba en la costa de Sudamérica, en ese mismo instante tomaba la decisión. Una esposa oraba para que su esposo pudiera regresar sobrio a casa. En el momento en que ella estaba arrodillada junto a la mesa de la cocina, él estaba esperando en la cantina a que le sirvieran su brandy, pero "le vino a la mente" que su madre había orado por él en su lecho de muerte y no pudo beberse el licor.

Un doctor, tristemente derrotado en su lucha por la vida de su paciente, se fue a su recámara y oró para tener iluminación, y "le vino a la mente" que había la posibilidad de que el paciente se hubiera tragado un trozo de metal. No había un informe de síntomas al respecto que hubiera podido encontrar en los libros de medicina. Pero fue tan profunda la impresión que había recibido, que consiguió un imán poderoso con el que extrajo la letal aguja.

Un comerciante había recibido una oferta por todo el papel que tenía en existencia, la cual parecía favorable, y como estaba necesitado, la oferta le pareció providencial. Pero mientras se adoptaba la sugerencia procedente del púlpito de que cada devoto orara por el éxito en su ocupación, él oró por su negocio. En ese momento, su hijo en Denver también estaba orando en la iglesia. Cuando pensó en su padre, tomó la decisión de ir a casa y participar en el negocio con él. Su decisión fue tan firme que a la mañana siguiente envió un telegrama a su sorprendido y entusiasmado padre expresándole que regresaría a casa si necesitaba su ayuda. La alegría de tener a su hijo en casa nuevamente fue tan grande que superó su determinación de concretar aquella transacción favorable, y rápido rechazó la oferta. Antes de que su hijo llegara a Filadelfia, un cambio repentino en el mercado del papel duplicó el valor de venta de las existencias del padre.

Un escritor de un diario estaba meditando sobre un determinado asunto en medio del silencio de la congregación que se había reunido para orar, cuando le vino a la mente la idea de un libro de texto sobre periodismo que podría utilizarse en la universidad. Esto condujo directamente a una serie de artículos que se vendieron a diferentes medios, lo cual le permitió comprar la casa por la que había estado orando. Un mecánico que se había quedado sin trabajo debido a un incendio, oró para conseguir un trabajo. Al mismo tiempo, un constructor, que normalmente no asistía a la iglesia, estaba orando para conseguir un socio competente. Cuando finalizaron las oraciones, "coincidió" que se vieron de un extremo al otro de la iglesia y cada uno se preguntó la razón por la que se habían visto con tanta intensidad. Las bancas de la iglesia en las que estaban sentados se encontraban en ángulo recto y era algo natural que el ocupante de una banca viera al ocupante de otra banca. Al terminar, se acercaron uno al otro diciendo en forma simultánea: "Me parece que ya nos conocemos". Sin embargo, esa era la primera vez que se veían. Su compañía participa ahora en una gran obra de construcción de casas y fábricas de concreto. Una sirvienta en una casa pequeña oraba para tener un vestido adecuado para la iglesia y, en ese momento, su patrona se encontraba de visita con una amiga, quien comentó que la fotografía de una de sus hijas, que había fallecido, se parecía mucho a la sirvienta de la visitante. Unos minutos después, la amiga de la patrona le dijo: "Me pregunto si los vestidos de mi hija le quedarán a tu sirvienta. Si le quedan, aquí están dos vestidos elegantes que la modista me envió después de la muerte de mi hija".

Un joven que no contaba con educación de nivel superior oró intensamente para tener la oportunidad de recibir capacitación intelectual que le permitiera entrar al ministerio. Al mismo tiempo, el director de una academia de Nueva Jersey estaba en una sección de la iglesia, lejos de donde se encontraba el joven, y oró para recibir orientación y encontrar un conserje apropiado. El director de la academia mencionó su necesidad a uno de los miembros de la iglesia que "resultó" que conocía al joven. Se llegó al acuerdo de que el muchacho trabajaría a cambio de su estancia y su colegiatura, y tendría cinco horas al día para estudiar. En un reporte acerca de la respuesta a sus oraciones, el joven devoto se describió como una persona a quien "Dios había dirigido al cumplimiento de sus ambiciones más elevadas". Es pastor en una importante iglesia de Cleveland. Una niña rezó para tener una "muñeca que cantara", y su madre le dijo que una muñeca era un asunto insignificante como para orar por ella, pero el padre alcanzó a oír la conversación y después de comprar al medio día la más costosa que pudo encontrar, la dejó en la cama de la niña en la noche, cuando se suponía que todos los demás estarían durmiendo.

Una viuda oró para recibir orientación con respecto a la venta de una propiedad rural en Luisiana. Sus parientes le rogaron que no lo hiciera, ya que "los impuestos pronto devorarían todo". Pero el pago inesperado de una deuda condujo a que sintiera que la habían socorrido temporalmente, así que podría esperar. Unas siete semanas después leyó en un periódico que una compañía había encontrado petróleo en un área junto a su propiedad. En consecuencia, cedió los privilegios de los minerales de su terreno a un elevado precio.

Un ministro oró para encontrar el texto de un sermón y descubrió que, por descuido, el supervisor de la escuela dominical había dejado el sábado anterior un trozo de papel en la Biblia, donde estaba escrito el título que María Magdalena usó al dirigirse a Jesús en el Jardín cerca de su tumba: "Raboni [Maestro]". El ministro ahora recuerda ese sermón cuando casi todos los demás los ha olvidado. Un estudiante cuyas facultades mentales eran demasiado limitadas para su edad oró para poder aprobar su examen de matemáticas. Esa noche en su sueño, su subconsciente resolvió por sí mismo dos de los problemas más difíciles que estaban en el pizarrón. Un granjero oró para tener una pista decisiva con respecto a la elección de semilla para su tierra. En su camino a casa llevaba un bulto en su regazo que estaba envuelto en papel periódico. En una columna del papel, directamente bajo sus ojos, estaba un artículo sobre los suelos y productos de su país, mismo que le abrió los ojos e hizo que su actividad agrícola fuera segura y lucrativa. Una chica alsaciana oró para que su madre y su padre pudieran ir a Estados Unidos. Ellos no sabían nada de su petición, pero ese mismo día y a esa misma hora, teniendo en cuenta la diferencia de husos horarios, los padres tomaron la decisión de ir a Estados Unidos, y recibieron la promesa de una ayuda financiera. Un abogado le pedía al Señor una señal con respecto a una evidencia perdida, muy necesaria para un caso del que se estaba ocupando y que iba a ser juzgado al día siguiente, cuando recibió la sugerencia del nombre de un testigo cuya relación con el caso él no había tenido en cuenta y cuyo nombre había olvidado. Aunque tenía dudas respecto al valor del testigo, buscó su nombre en el directorio y descubrió que el testigo que no había considerado era suficiente para la resolución del caso. Un vendedor de bienes raíces pidió al Señor que, si iba a ser para bien, hiciera prosperar una transacción que le habían sugerido, y que la obstaculizara si iba a resultar dañina. De manera no intencional, omitió la palabra "no" en el borrador del contrato que preparó al día siguiente y la omisión "accidental" inesperadamente le dio la posesión de un lucrativo conjunto de casas.

Para el no creyente, estos testimonios demuestran muy poco. Pero para el observador experimentado de respuestas repetidas a las oraciones, hay pruebas concluyentes de la disposición de Dios para responder a la "oración efectiva y ferviente del hombre justo". Del mismo modo que puede sentirse una mujer cuando pone su cansada vida al cuidado de un esposo fuerte y afectuoso, el creyente que confía en la oración descansa en Dios sintiendo una paz en el alma que sobrepasa todo entendimiento.

LA ORACIÓN DE LA FE[5]

HANNAH MOORE KOHAUS

Dios es mi ayuda en toda necesidad;
Dios a mi hambre le da saciedad;
Dios camina junto a mí, y mi camino guía
a través de todos los momentos del día.

Ahora soy sabio, ahora soy verdadero,
también soy paciente, amable y amoroso.
Soy todas las cosas, y solo puedo serlo
a través de Cristo, la Verdad, que está en mí.

Dios es mi salud, estoy sano y fuerte;
Dios es mi alegría durante todo el día.
Dios es mi Todo, a nada he de temerle,
ya que Dios, el Amor y la Verdad están en mi vida.

SE BUSCAN LÍDERES

Robert Collier

Hace muchos años, el profesor Henry of Princeton hizo un experimento con un imán cargado. Primero tomó uno ordinario de gran tamaño, lo suspendió desde una viga y con él levantó algunos kilos de hierro.

Luego enrolló con cables el imán y lo cargó con la corriente procedente de una pequeña batería. En lugar de solo unos cuantos kilos, ¡el imán altamente cargado levantó 1500 kilos!

Eso es lo que ocurre cuando una persona reza, creyendo, y otra añade sus oraciones y su fe. La segunda persona es la batería. Su fe es la corriente, la cual multiplica el poder de la oración de la primera docenas de veces.

Hay personas con una fe tan grande que pueden orar y obtener resultados infalibles tan solo a través de sus esfuerzos.

Pero la mayoría de nosotros puede esperar los mejores resultados, al igual que el profesor Henry, solo cuando cargamos nuestro imán con la corriente de una batería externa. Incluso Jesús, como puedes recordar, necesitó el apoyo de la fe de otros para sus milagros. Está escrito que en Nazaret, donde la gente llegaba para mofarse en lugar de escuchar, Él no realizó milagros, "a causa de la incredulidad de ellos".

He conocido exponentes de las ciencias mentales que dan tratamientos a niños sin que sus padres lo sepan, y con frecuencia los tratamientos fracasan. Sin embargo, posteriormente cuando esas mismas personas trabajaron con los niños con la fe activa de un padre o de otros como ayuda, ¡los tratamientos fueron exitosos!

¿Por qué? Porque al trabajar solos no tenían nada que dar más que el poder latente en su propia mente; mientras que, con la fe de otros como ayuda, eran como el imán cargado del profesor Henry.

Como ves, ayudar a otros no es simplemente cuestión de animarlos, aconsejarlos o mostrarles cómo ayudarse. Realmente debes darles algo de ti, parte de tu fuerza vital, parte de tu magnetismo. ¿Cómo supo Jesús, entre la agitación de una gran multitud, que una mujer que padecía de flujo de sangre, lo había tocado y se había curado? Debido al "poder que había salido de él".

Y fue para ayudar a la gente en el "ahora" que Cristo vino a este mundo. Cuando los enfermos se dirigieron a Jesús, cuando los cojos, los tullidos y los leprosos lo asediaron, Él no les dijo que Dios les había enviado estas aflicciones para castigarlos, de manera que pudieran merecer el cielo. No... ¡Él los curó justo ahí y en ese momento! ¡Les dijo que el cielo se encuentra en el aquí y el ahora!

No dijo a la multitud hambrienta que el ayuno era bueno para sus almas. ¡Los alimentó de inmediato! La suya era una religión de ayuda en las dificultades en el momento presente, y esa fue la religión que Sus apóstoles y Sus seguidores predicaron y practicaron después de Su muerte. Fue hasta el siglo III, cuando Constantino incorporó a los ritos cristianos muchas de las formas sacerdotales del paganismo, que se consideró necesario hacer que el cristianismo fuera una religión de felicidad futura, ¡en lugar de una religión de ayuda presente!

Mientras la mayoría de la humanidad fuera ignorante y supersticiosa, las masas se verían obligadas a estar contentas con su miseria actual teniendo la esperanza de que la muerte les trajera la felicidad. Pero el presente es un tiempo de realismo. Las masas han sido educadas y cuando tratas de justificar una desgracia presente con una vaga promesa de felicidad futura, te dicen que simplemente estás "eludiendo la responsabilidad". Ha llegado el momento en que la religión tenga una razón para existir. Si no puede justificarse como una ayuda presente, será desechada.

Esa es la razón por la que el gran reclamo en la actualidad es por líderes: hombres y mujeres que puedan sacar a sus semejantes del fango de la desesperación, que puedan mostrarles cómo unir sus oraciones o sus fuerzas ¡para obtener lo que desean! ¿Y cuál es el secreto de dicho liderazgo? Nada más y nada menos que el secreto que descubrió el profesor Henry: lograr que un grupo se una para proporcionar su corriente con el fin de fortalecer el imán de alguno de sus miembros, y que, de esta manera, pueda atraer hacia sí lo que necesita. En eso consiste la religión: en la unión para un propósito común. La palabra religión se deriva del latín *re* y *ligo*, que significa "enlazar".

¿Qué hay de TI? ¿Tienes el impulso de ser un líder de ese tipo, como un apóstol del nuevo cristianismo, el cristianismo que Jesús enseñó?

No estoy preguntando si estás capacitado para ello. La capacitación y la instrucción pueden venir después. Los apóstoles eran gente común, y, en su mayor parte, no contaban con educación ni experiencia en el ámbito del liderazgo. Pero tenían el impulso, y a esto les siguieron rápidamente los medios para satisfacer ese deseo.

Phillip Brooks dijo en una ocasión: "Sentimos aquello que deberíamos ser, latiendo por debajo de aquello que somos". Ese es el impulso que lleva a la grandeza a aquellos que le prestan atención. ¿Tú lo tienes?

Si lo tienes, ¡ponlo a trabajar! Comienza ahora, úsalo en este momento. La única forma de convertirse en un líder es comenzando a dirigir, aunque al principio únicamente tengas a uno o dos siguiéndote. La fila crecerá.

Y recuerda esto: no hay una forma más segura de obtener riquezas o salud para ti, que la de llevarlas a la vida de aquellos que te rodean. Como en el caso de Job: "Después de haber orado Job por sus amigos, el Señor lo hizo prosperar de nuevo".

¿Quién puede encender el fuego de la chimenea,
y no calentar la piedra?
¿O quién puede alegrar el corazón de otro,
y no el suyo propio?
Yo calmé el llanto de un bebé hambriento,
con bondad llené la copa de un extraño,
y, levantando a otros,
¡descubrí que yo había sido levantado!

* * *

Platón nos habla de una raza de hombres alados que conquistaron a los demás a través de su capacidad de elevarse por encima de los obstáculos, de superar las dificultades.

Actualmente tenemos en los aviones las alas físicas para elevarnos por encima de las nubes, pero seguimos estando muy por detrás de muchos filósofos de la antigüedad en lo que respecta a adquirir las alas mentales para elevarnos por encima de los pantanos de la enfermedad y la enmarañada jungla de los deseos.

Sin embargo, algunos las han adquirido. Y otros más están haciendo que les crezcan. Pero se necesitan líderes para mostrar el camino. ¿Serás uno de ellos? Tú PUEDES, ¿de acuerdo? Cualquiera que inteligentemente nos haya seguido hasta este punto está calificado para ayudar a otros en su camino.

No importa si tú o tus amigos piensan que mereces realizar ese trabajo. Puedes hacer a un lado las objeciones, pues no eres tú el que va a llevarlo a cabo. Es "el Padre trabajando a través de ti". Tú eres únicamente un instrumento dispuesto e inteligente en las manos del Maestro Artesano y "Su gracia te basta".

Verás, no es que *tú* tengas que hacer algo por aquellos a los que deseas ayudar, sea que su aflicción esté en sus cuerpos, en sus hogares o en sus negocios. A *ellos* no tienes que sanarlos. En quien necesitas trabajar es ¡en ti mismo!

Es como si sus cuerpos, sus circunstancias y su medio ambiente formara parte de un gran bajo relieve, como el de las imágenes de los generales confederados en Stone Mountain. Si sus imágenes te parecen imperfectas, si carecen de lo necesario en relación con su cuerpo o su entorno, tu primera obligación para con ellos consiste en negar esa carencia. Di en voz alta: "Eso no les pertenece. Eso no forma parte de su imagen perfecta. La imagen que tiene Dios de ellos es perfecta y completa. Su aparente carencia o imperfección es simplemente una neblina que se encuentra entre esa imagen y yo".

Haz una pausa por un momento y trata de visualizar la imagen perfecta que Dios tiene de ellos y de su ambiente, y luego proporciona tu corriente magnética para ayudar a MANIFESTAR esa imagen completa. Carga la Semilla de Dios en ti para usar su poder de disipar la neblina que te impide ver su imagen real. Dirige esa Semilla de Vida para que conceda de su poder tanto como sea necesario para atraer hacia ellos todos los elementos que necesitan para hacer que se manifieste su imagen perfecta. Y al final, ¡CREE QUE RECIBIRÁS!

Por supuesto, no puedes ayudar a nadie en contra de su voluntad más de lo que puedes hipnotizar a otro sin su consentimiento. Para obtener los mejores resultados, debe haber cooperación, creencia. Si no cuentas con el convencimiento de la otra persona para ayudarte, eres como el imán del profesor Henry, sin batería.

Así que pide a quien estás tratando de ayudar que se ponga en una actitud receptiva. Pídele que se relaje por completo, física y mentalmente. Explícale que no tiene que hacer nada, solo permitirse asimilar el agua de la vida. Todo lo que requieres de él es que se relaje con una fe serena, sin cuestionar ni resistirse a nada de lo que pudieras decir, sino acabando con las inhibiciones de las que él se haya rodeado, y PERMITIENDO que tus palabras y tus pensamientos penetren en su subconsciente, sin que los cuestione.

Comienza comprendiendo que sea cual sea su dificultad, no le pertenece. Él es un pensamiento en la Mente de Dios, y, como tal, es perfecto. Así que renuncia a la aparente imperfección o carencia. Deséchala en el nombre de Jesús, como algo que no es suyo. Luego afirma la idea perfecta que Dios tiene de él. Date cuenta de que es tan perfecto en este momento como cuando Dios lo imaginó por vez primera. Afirma en voz alta que él está construyendo la correspondencia física de ese pensamiento perfecto que Dios tiene. Afírmalo —reconoce que la tiene— y mentalmente dale tu propia fuerza para ayudar a que se manifieste en él.

El propósito de la vida aquí en la tierra es expresar a Dios. Todo acto amable, buena acción, lo expresa a Él. Cada negocio que sirve fielmente a la humanidad, lo expresa a Él. Lo que haces para lograr que este mundo sea un mejor lugar donde vivir, lo expresa a Él. Por tanto, ¿qué mejor manera hay de servirle que ayudando a quienes conoces a que vivan con comodidad, con felicidad y con salud? Y al ayudarlos, ¿acaso podrías evitar, aunque quisieras, no sentirte cómodo, feliz y saludable? Como dice Barrie: "Quienes llevan felicidad a la vida de otros no pueden mantenerla apartada de ellos".

Pero ¿por qué es necesario que proporciones tu corriente magnética para ayudar a otros? Por la misma razón por la que fue necesario que Jesús "dejara que saliera de Él un poder" para curar a quienes acudían a Él. El pensamiento que Dios tenía de ellos era igual de perfecto que el que tenía de Él. La vida de Dios estaba igualmente en ellos. Entonces, ¿por qué debía Jesús darles de Su corriente?

Porque siempre debe haber alguien que libere el poder, alguien con la comprensión y la fe para decir: "¡Que esto se manifieste!".

La gente carece de la fe para usar la vida que está en ellos. Teniendo energía ilimitada a su disposición, ponen su fe en cosas externas a ellos: en fármacos, en médicos o en personas como tú que hagan por ellos el trabajo mental. Quieren algo o alguien en quien apoyarse. La mujer de los Evangelios creía que si tan solo podía tocar el borde del manto de Jesús, se curaría. Lo hizo, y se curó. Recurrió a Él para recibir vida "porque de Él salía poder" y entró en ella.

Incluso los discípulos recurrían a Jesús de la misma forma. La mayoría eran hombres ignorantes, sin educación. No comprendían muy bien este poder que poseían. A Él lo habían visto curar a todos cuando se le acercaban con fe. Creían en Él. Por lo tanto, cuando ellos imponían las manos sobre los enfermos, curaban "en el nombre de Jesús". Recurrían a la vida en Él como lo hizo la mujer que tocó su manto.

Y esa es la base de una curación exitosa, ya sea en medicina o en metafísica: darle al paciente algo exterior a él, algo en lo que tenga una mayor fe para ser sanado, más que en el poder de la enfermedad para dañarlo.

Puedes ser un practicante. Dios es el mismo en ti que en cualquier hombre o mujer en el universo. No solo eso, sino que el Dios que está en ti, ¡es el mismo que en cualquier hombre o mujer que haya vivido alguna vez!

No necesitas abandonar tu iglesia. No necesitas cambiar de fe. Solo necesitas creer en la perfección y en la cualidad de inmutabilidad de las imágenes de Dios.

¿Recuerdas la vieja historia del granjero que fue al circo y por vez primera vio una jirafa? La miró incrédulo por un momento y luego se dio la vuelta, disgustado. Dijo: "¡No existe un animal así!".

Cuando vas al circo de las creencias humanas, cuando los hijos de Dios vienen a ti contorsionados mostrando toda clase de formas miserables, no tengas miedo de decir, como el viejo granjero: "¡No existe un animal así!".

Dios no tiene tales pensamientos sobre Sus hijos. "Porque yo sé muy bien los pensamientos que tengo para ustedes, afirma el Señor. Pensamientos de bienestar y no de calamidad".

Así pues, cuando se te pida que ayudes a quienes están en la miseria o el dolor, no dudes en renunciar a esas condiciones. Dios no tiene tales imágenes. No son Suyas. Por lo tanto, no pueden ser reales. Disipa la neblina que las distorsiona y las convierte en esas imágenes tan ridículas, ¡y PERMITE QUE APAREZCA SU PENSAMIENTO PERFECTO!

En su obra *Teachings and Addresses* [Enseñanzas y discursos], Edward A. Kimball expresa la idea de la sanación mental en un par de párrafos con tal claridad, que los cito aquí:

> Supongamos que tienes que dar un tratamiento a una mujer demente, quien cree estar cubierta de plumas. Ella dice que las tiene. ¿La tratarían con el propósito de eliminar las plumas? ¿Hay alguna pluma a la cual aplicar el tratamiento? ¿O sabrías que tienes que eliminar la creencia? Ahora bien, supongamos que tu paciente dice que ha desaparecido la mitad de sus pulmones. ¿Trabajarás en el área de los pulmones deteriorados como en el caso de las plumas? ¿Tienes una condición corporal a la cual debes tratar o solo tienes que eliminar el mesmerismo de la creencia en dicha condición? Ten cuidado. Asegúrate de que tus tratamientos no sean tratamientos para las plumas.
>
> Conocer la verdad es un tratamiento. La única semejanza de Dios es el hombre. Los tratamientos fracasan porque pensamos que tenemos que tratar a un hom-

bre o a una mujer enfermos. Eso solo es una creencia en la ley de la mente mortal. No trates la fiebre más de lo que tratarías las plumas en una mujer demente. Ningún dolor, ninguna afirmación de dolor; solo la acción de la mente mortal. No aniquiles; solo desplaza el error y pon las ideas correctas. La idea verdadera es siempre el Salvador".

En pocas palabras, la curación mental se reduce a esto: Tu cuerpo es el espejo de tus pensamientos.

Te miras en un espejo ordinario, ¿y qué es lo que ves? Un reflejo, un reflejo perfecto de tu cuerpo. Haz una mueca de dolor y tu reflejo mostrará igualmente una mueca de dolor. Dobla las piernas y tu reflejo hará lo mismo. Sonríe, parece estar feliz y tu reflejo estará tan contento como tú.

Tu cuerpo es, en verdad, un reflector de tus creencias más íntimas, como el espejo de la pared. Cree que has estado expuesto al contagio, y tu cuerpo rápidamente reflejará los síntomas. Cree que te estás haciendo viejo y tu cuerpo comenzará a reflejar los signos de la edad.

¿Qué es un tratamiento? Como dijo Kimball, no trates de aniquilar la enfermedad. ¡Desplázala! Si tu imagen en el espejo mostrara un ceño fruncido, no tratarías de eliminar el ceño fruncido. Lo desplazarías con una sonrisa. No tienes que combatir la enfermedad. Todo lo que necesitas hacer es desplazarla con una imagen de salud… ¡y la enfermedad en sí se desvanecerá!

Recuerda esto: Cuando tratas una enfermedad es como si te centraras en el ceño fruncido para mejorarlo. Estás trabajando sobre las condiciones, no sobre las causas. Si deseas resultados verdaderos, regresa a la causa primaria, que está en la mente.

El pensamiento que Dios tiene de tu paciente es el de un cuerpo perfecto. Aférrate a ese pensamiento, ¡y mantente aferrado a él! Luego, pon tu vida, tu creencia (tu fe), en ese pensamiento. Cuando ese pensamiento desplace tu creencia en la enfermedad de tu paciente, su cuerpo reflejará tu pensamiento perfecto sobre él. Cuando algo ya no te perturba, has terminado con él.

A eso se resume la sanación mental. No tratas un dolor de cabeza, una articulación reumática o una úlcera. Suavemente borras la imagen y te preguntas: ¿Cuál es el pensamiento que Dios tiene con respecto a este órgano? Tu único tratamiento, si es que puede llamarse así, consiste en poner tu luz y tu vida en la imagen perfecta que Dios tiene del órgano que el paciente piensa que está enfermo, recordando que Él solo tiene un molde de ese órgano. Todos los demás son hechos por él. No tomes en cuenta estas imágenes hechas por el hombre. Renuncia a ellas. Y reclama la imagen perfecta de Dios. Reclámala, y pon tu fe y tu vida en el desarrollo de esa imagen.

Ese es el alfa y el omega de la sanación mental. Eso es lo único lo que cualquier practicante puede hacer. Eso es lo que esperamos que tú hagas: reunir a un grupo de amigos o de personas que necesiten ayuda, ¡y guiarlos!

> Además les digo que si dos de ustedes en la tierra se ponen de acuerdo sobre cualquier cosa que pidan, les será concedida por mi Padre que está en el cielo.
> Porque donde dos o tres se reúnen en mi nombre, allí estoy yo en medio de ellos.
>
> —Mateo 18:19-20.

ORACIÓN

ALFRED LORD TENNYSON

...Se fraguan más cosas por medio de la oración
que lo que el mundo se imagina. Por lo tanto,
 permite que tu voz
se eleve como una fuente para mí, día y noche.
Porque, ¿son mejores los hombres que las ovejas
 o las cabras
que alimentan una vida ciega dentro del cerebro,
 si conociendo a Dios, no elevan las manos en
 una oración
tanto para ellos mismos como para aquellos que
 llaman amigos?
Porque así toda la redonda tierra está sujeta
 en todas las maneras a los pies de Dios.

EL CÍRCULO DE LA ORACIÓN[6]

REV. W. H. LEATHEM

Al teniente Roger Fenton se le hizo un nudo en la garganta cuando se despidió de sus muchachos. Ahí estaban en grupo en el andén de la estación de ferrocarriles: diez muchachos rebeldes a los que había tratado de infundir el temor de Dios los martes por la noche durante el invierno, y con los cuales había paseado y jugado *cricket* todas las tardes de los sábados durante el verano.

Los muchachos entre 14 y 17 años de edad son difíciles, y aunque Fenton confiaba en la forma como jugaban boliche y bateaban, no estaba muy optimista respecto a su religión. Pero ellos habían llenado un gran espacio en su solitario corazón en aquel pequeño y aburrido poblado, y ahora tenía que dejarlos y perderlos, pues le había llegado el gran llamado y había sido comisionado por el rey, y en su corazón sentía que jamás regresaría.

Se habían terminado las bromas y las palabras de despedida deseándole buena suerte. De repente, les dijo: "Muchachos, quiero que hagan algo por mí, algo que es difícil". Le respondieron ansiosamente: "Cualquier cosa que desee, señor", pero se sintieron desilusionados al escuchar las palabras de su maestro. Les dijo:

> Miren, se trata de esto. Se van a reunir durante unos cuantos minutos donde nos reuníamos todos los martes por la noche y quiero que oren por mí, para que yo pueda cumplir con mi deber, y si Dios me lo permite, pueda regresar con todos ustedes. Oraré por ustedes al mismo tiempo, aunque me encuentre en lo más álgido de una batalla.

Ojalá hubieras visto la consternación de esos diez rostros. Era probable que expresaran su rechazo ante tal petición, pero Ted Harper, su jefe reconocido, guardó la compostura justo a tiempo y gritó mientras el tren comenzaba a moverse: "Lo haremos, señor. No sé cómo nos las arreglaremos, pero haremos nuestro mejor esfuerzo. No lo defraudaremos".

Mientras Fenton se hundía en un rincón en el tren, estaba consciente de las miradas burlonas de sus compañeros oficiales. Uno de ellos le dijo: "Realmente no esperarás que esos muchachos lleven a cabo una reunión para orar por ti cada semana, y aunque así lo hicieran, no es posible que creas que eso detendrá una bala o desviará un proyectil del enemigo. Está muy bien ser religioso, pero eso es exagerar demasiado". Fenton se sonrojó, pero lo tomó de buena manera. Respondió: "Las oraciones son una parte muy importante de nuestra religión y tengo la sensación de que esas oraciones me ayudarán. De cualquier manera, estoy seguro que mis muchachos cumplirán su parte. A donde Ted Harper va, los demás lo siguen".

Y, ciertamente, los muchachos cumplieron su parte. Era bueno verlos irse siguiendo en dirección equivocada, luego cambiar de dirección y doblar por calles torcidas hasta llegar al Salón de la Misión y entrar deprisa corriendo, para que la menor cantidad de gente los viera. Las acciones de la "multitud de Fenton", como se les conocía localmente, eran parte de la charla del pueblo en los primeros días que Roger se fue. ¿Se reunirían? ¿Continuarían haciéndolo? ¿Soportarían el ridículo por parte de los otros muchachos de su edad? ¿Y cómo iban a orar?

El tiempo se encargó de responder estas preguntas, excepto la última. Se reunieron, continuaron reuniéndose, se enfrentaron al ridículo como héroes. Pero ¿cómo oraron? Ese misterio era tan profundo e irresoluble como antes, debido a la terrible promesa que hicieron de guardar silencio y no divulgar al mundo exterior lo que hacían esos martes por la noche.

Fui el único que llegó a saberlo, y lo descubrí por casualidad. Ted Harper me pidió prestado el libro *Fights for the Flag* [Luchas por la bandera] y cuando me lo devolvió, había dentro un trozo de papel sucio escrito con la torpe redacción de Ted. Pensé que él había estado copiando un pasaje, y ansioso por ver qué era lo que lo había impresionado, desdoblé la hoja y leí estas palabras:

> Oh, Señor, orar es difícil. Pero Roger me hizo prometerlo. Y sabes lo decente que él ha sido conmigo y con el grupo. Escúchanos ahora y disculpa las palabras equivocadas, y tráelo de regreso a salvo. Y, Señor, conviértelo en el soldado más valiente que haya existido y que le otorguen la Cruz de la Victoria. Eso es todo lo que queremos para él. Y no permitas que la guerra dure mucho, por el amor a Cristo. Amén.

Sentí vergüenza de mí mismo cuando llegué al final de esta tosca oración. Tenía que guardar su secreto.

Podía verlos arrodillados en círculo en la Misión, dos o tres con papeles arrugados en las manos. Las expresiones religiosas les daban mucha pena, y su única posibilidad era leerlas. Los muchachos en quienes había caído la suerte fatal el martes anterior tenían que presentarse con sus oraciones devotas escritas a la semana siguiente. Esta guerra nos ha devuelto lo sobrenatural, pero ningún milagro me parece más maravilloso que los diez muchachos y sus oraciones mal escritas. Y, recuerda, ese servicio litúrgico duró seis meses y jamás faltaron a su reunión de los martes. ¡Qué cosa tan maravillosa es el corazón de un muchacho cuando capturas su lealtad y su afecto!

Fue un día terrible cuando llegaron las noticias. Los soldados territoriales de esa localidad habían avanzado demasiado por el ala de una gran ofensiva y casi todos habían sido aniquilados. Los pocos sobrevivientes cavaron agujeros para protegerse y resistieron hasta que llegó la oscuridad a ese martes amargo y se convirtió en noche. Al llegar las fuerzas de apoyo, únicamente un hombre había quedado con vida. Tenía cuatro heridas, pero seguía cargando su arma y disparando, y lloró cuando lo levantaron y se lo llevaron para darle los primeros auxilios. Ese héroe solitario, el único sobreviviente de nuestro regimiento local, era el teniente Roger Fenton, a quien le otorgaron la Cruz de la Victoria.

Una vez que sanaron sus heridas y el rey le hubiera otorgado la merecida condecoración, lo recibimos en casa. No celebramos igual que como lo hacían en otros lugares. Nuestro desastre había sido demasiado terrible y la emoción de ese solitario sobreviviente era demasiado impactante. Pero algunos estuvimos en la estación y ahí, en la primera fila, estaban los diez hombres de las oraciones. El pobre Roger se desmoronó al verlos. Pero les apretó las manos hasta que se quejaron por el dolor de ese agarre de hierro.

Esa noche tuve la oportunidad de hablar con él a solas. Era demasiado modesto como para contarme algo de su gran hazaña. Pero era evidente que había algo que quería decir y era como si no supiera cómo comenzar. Finalmente dijo: "Tengo una historia que contar, una historia que si se la contara a cincuenta personas, nadie la escucharía. Ese martes en la noche, cuando me quedé solo y había perdido toda esperanza, recordé que era la hora de nuestra antigua reunión y cumplí mi promesa y oré por los muchachos de mi clase. Todo lo que había a mi alrededor se desvaneció de mi mente, y vi a mis queridos muchachos en el Salón de la Misión orando. No me refiero a que hubiera regresado con mi mente. Sabía con absoluta certeza que yo estaba ahí, invisible, en la reunión de aquella noche. Ya sea en el cuerpo o fuera de él —no podría decirlo—, pero ahí estaba yo, observando y escuchando".

Dije: "¡Qué maravilloso!".

"Eso no es todo, hay algo todavía más extraño", prosiguió. "Los muchachos estaban arrodillados en el piso y Ted Harper estaba leyendo una oración y cuando terminó dijeron 'Amén' a una sola voz. Los conté para ver si todos estaban ahí. Llegué a contar diez, pero no me detuve. Conté de nuevo, y esto es lo extraño: ¡eran once! En mi sueño, visión o trance, como quieras llamarlo, me sentí ligeramente incómodo con este número inesperado. Vi al grupo de diez tal y como los recordaba, y giré para ver al décimo primero, El compañero de blanco, y para hablar con Él. Seguía sintiendo su presencia y me sentía contento, porque la incomodidad y la perplejidad habían desaparecido y en su lugar había una gran expectación. Me parecía saber el lugar preciso donde Él había estado arrodillado y avancé deprisa. Pero no había nada que ver, nada más que el texto bien memorizado que me contemplaba desde la pared: 'Porque donde dos o tres se reúnen en mi nombre, allí estoy yo en medio de ellos'. No recuerdo nada más, hasta el momento en que me encontré en el hospital de la base. Pero, por supuesto, en ese momento supe cómo me habían salvado y lo que los muchachos habían hecho por mí.

"Un hombre se siente extraño cuando le es devuelta su vida de esta forma; es como si Dios esperara a cambio una gran acción. Pero hay una sensación todavía más grande en mi corazón. Tengo la creencia de que los muchachos recibieron su respuesta no por mi bien, sino por el bien de ellos. Piensa en lo que significa para ellos. Han plantado sus pies firmemente en la roca de la oración. Conocen la verdad de Dios. No estoy seguro, pero no creo que llegue a decirles que vi a Cristo en medio de ellos. Ellos lo saben a su manera y tal vez sea mejor a su manera".

El me invocará, y yo le responderé, estaré con él en el momento de angustia; lo libraré y lo llenaré de honores. Salmos 91:15.

MI ORACIÓN

Señor, permíteme vivir cada agradable día de manera que pueda yo saber, suceda lo que suceda, que he hecho lo mejor que he podido para vivir en la forma en que Tú quieres que lo haga.

Perdóname si no oro
con exagerada mojigatería
en la iglesia cada día del Sabbat
como algunas personas lo hacen.

Solamente hazme saber si me desvío
para que pueda detenerme en el camino
en cualquier momento de la noche o del día,
¡y hablarte!

—Elsie Janis

CÓMO ORAR[7]

R. A. Torrey

Si deseamos conocer las bendiciones que conlleva una vida de oración, no solo es importante que oremos correctamente, sino también que lo hagamos en el momento adecuado. El ejemplo mismo de Cristo está lleno de sugerencias respecto al momento correcto de orar.

En el primer capítulo de Marcos, en el versículo 35 leemos: "Levantándose muy de mañana, cuando todavía estaba oscuro, salió, y se fue a un lugar solitario, y allí oró".

Jesús escogió la madrugada para decir sus oraciones. Muchos de los hombres más poderosos de Dios han seguido el ejemplo del Señor en este sentido. Durante las primeras horas del día, la mente está fresca y se encuentra en las mejores condiciones. Está libre de distracciones y es más factible que esa concentración absoluta en Dios, esencial para la oración más efectiva, se manifieste temprano por la mañana. Además, cuando pasamos las primeras horas de la mañana en oración, el día entero se santifica y se obtiene la fuerza para superar las tentaciones y cumplir con las obligaciones. Se puede lograr más orando durante las primeras horas de la mañana que en cualquier otro momento del día. Todo hijo de Dios que quiera sacar el máximo provecho de su vida para Cristo debe apartar la primera parte del día para reunirse con Dios estudiando Su Palabra y orando. Lo primero que deberíamos hacer todos los días es estar a solas con Dios y hacer frente a las obligaciones, las tentaciones y el servicio de ese día, y obtener la fuerza de Él para todo ello. Deberíamos obtener la victoria antes de que venga la hora de la prueba, la tentación o el servicio. El lugar secreto de la oración es el lugar para pelear nuestras batallas y obtener nuestras victorias.

Jesucristo oró antes de todas las grandes crisis de Su vida terrenal.

Oró antes de escoger a los doce discípulos, antes del sermón de la montaña, antes de comenzar su viaje evangélico, antes de ser ungido con el Espíritu Santo y antes de entrar en su ministerio público; antes de anunciar a los doce apóstoles Su muerte venidera, antes de la gran consumación de Su vida en la cruz. (Lucas 6:12, 13, Lucas 9:18, 21, 22; Lucas 3:21, 22; Marcos 1:35-38; Lucas 22:39-46). Él se preparó para cada crisis importante mediante una extensa sesión de oración. Así también debemos hacerlo nosotros. Siempre que parezca aproximarse alguna crisis de vida, debemos prepararnos para ella mediante una sesión de oración a Dios muy definida. Debemos tomarnos mucho tiempo para esta oración.

Cristo oró no solamente antes de los grandes eventos y victorias de Su vida; también lo hizo después de Sus grandes logros y de crisis importantes.

Cuando alimentó a las cinco mil personas con cinco hogazas de pan y dos peces, y la multitud quiso llevárselo y convertirlo en rey, y habiéndolos despedido, subió a la montaña apartándose para orar, y pasó ahí horas, solo, orando a Dios. (Mateo 14:23; Juan 6:15). Así fue de victoria en victoria.

Es más común para la mayoría de nosotros orar antes de los grandes eventos de la vida que orar después de ellos, pero esto último es más importante que lo primero. Si oráramos después de los grandes logros en la vida, podríamos proseguir con logros aún mayores; y lo que ocurre es que, o bien nos sentimos muy orgullosos o quedamos agotados por las cosas que hacemos en nombre del Señor, así que no avanzamos más. A muchos, muchos hombres que han recibido una respuesta a su oración se les ha otorgado poder, y así han realizado grandes cosas en el nombre del Señor, y cuando estas grandes cosas se han llevado a cabo, en lugar de apartarse para estar a solas con Dios y mostrarse humildes ante Él y darle toda la gloria por el logro alcanzado, se han felicitado por haberlo logrado y se han senetido orgullosos. Las grandes cosas realizadas no fueron seguidas por la humildad ni por oraciones a Dios, y entonces ha entrado el orgullo y al hombre poderoso se le ha privado de su poder.

Jesucristo dedicaba un tiempo especial a la oración cuando la vida era extraordinariamente activa. Solía retirarse en esos momentos de las multitudes que se reunían a Su alrededor y se dirigía a un lugar apartado, y oraba. Por ejemplo, leemos en Lucas 5:15, 16: "Su fama se difundía cada vez más, y grandes multitudes se congregaban para oír a Jesús y ser sanadas de sus enfermedades. Mas Él se apartaba al desierto, y oraba".

Algunos hombres están tan ocupados que no tienen tiempo para la oración. Al parecer, mientras más atareada era la vida de Jesús, más oraba. A veces no tenía tiempo para comer (Marcos 3:20); otras, no tenía tiempo para el descanso y el sueño que tanto necesitaba (Marcos 6:31, 33, 46), pero siempre apartaba tiempo para orar y mientras más aumentaba el trabajo, más oraba.

Muchos hombres poderosos de Dios han aprendido este secreto de Cristo, y cuando el trabajo aumenta más de lo usual, apartan una cantidad extraordinaria de tiempo para la oración. Otros hombres de Dios, una vez que han llegado a ser poderosos, han perdido su poder debido a que no aprendieron este secreto y permitieron que el aumento de trabajo les impidiera orar.

Hace algunos años, tuve el privilegio, junto con otros estudiantes de teología, de entrevistar a uno de los cristianos más fructíferos de esa época. Procedí a preguntarle: "¿Podría decirnos algo de su vida en oración?".

El hombre se quedó en silencio durante un momento y luego, dirigiendo ansiosamente sus ojos hacia mí, respondió: "Bueno, debo admitir que me he visto tan agobiado por el trabajo que no he apartado el tiempo que debería para la oración".

¿Habría de asombrarnos que este hombre perdiera su poder y que el gran trabajo que estaba realizando se redujera de manera significativa? Nunca olvidemos que mientras más aumente nuestro trabajo, más tiempo debemos pasar en la oración.

Jesucristo oró antes de las grandes tentaciones de Su vida.

Cuando la cruz estaba cada vez más cerca y se dio cuenta de que a través de ella vendría la gran prueba final de Su vida, Jesús se fue al jardín a orar. Él "llegó con sus discípulos a una propiedad llamada Getsemaní, donde les dijo: Quédense aquí, mientras yo voy allí a orar." (Mateo 20:36). La victoria del Calvario fue ganada esa noche en el jardín de Getsemaní. La serena majestuosidad que mostró al enfrentarse a los terribles ataques en el salón de juicios de Pilatos y durante el Calvario fue resultado de la lucha, la agonía y la victoria en Getsemaní. Mientras Jesús oraba, sus discípulos dormían, así que Él permaneció firme mientras ellos caían vergonzosamente.

Muchas tentaciones llegan a nosotros sin anunciarse y nos toman por sorpresa, y todo lo que podemos hacer es elevar a Dios un grito de ayuda justo en ese momento; pero muchas de las tentaciones de la vida pueden verse aproximándose a la distancia, y, en tales casos, la victoria se debe ganar antes de que las tentaciones realmente nos alcancen.

En 1 Tesalonicenses 5:17, leemos "oren sin cesar" y en Efesios 6:18, "orando en todo momento".

Toda nuestra vida debería ser una vida de oración. Deberíamos caminar en comunión constante con Dios. El alma debería buscar constantemente a Dios. Deberíamos caminar en forma tan habitual en Su presencia que incluso cuando despertáramos en la noche, lo más natural en el mundo fuera que le habláramos para darle las gracias o para hacerle una petición.

Cuando nos acercamos a Dios para pedirle nuevas bendiciones, jamás deberíamos olvidar agradecerle las bendiciones que ya nos han sido otorgadas. Si nos detuviéramos a pensar en cuántas oraciones hemos ofrecido a Dios que han recibido respuesta, y las pocas veces que hemos regresado a Dios para darle las gracias por las respuestas que nos ha dado, estoy seguro que quedaríamos abrumados por la confusión. Deberíamos ser igualmente definidos cuando damos las gracias como cuando oramos. Nos dirigimos a Dios con peticiones muy específicas, pero cuando le damos las gracias, nuestras gracias son indefinidas y generales.

Sin duda una de las razones por las que tantas de nuestras oraciones carecen de poder es que descuidamos expresar nuestra gratitud por las bendiciones que ya hemos recibido. Si alguien se dirigiera constantemente a nosotros pidiendo ayuda y nunca dijera "gracias" por la ayuda que le otorgamos, pronto nos cansaríamos de ayudar a semejante persona tan mal agradecida. Ciertamente, el aprecio que sentimos por la persona a la que estamos ayudando nos impediría alentar dicha ingratitud. Cuando Jesús sanó a los diez leprosos y solamente uno regresó para darle las gracias, con asombro y dolor Él exclamó:

"¿No fueron diez los que quedaron limpios? Y los otros nueve, ¿dónde están?". (Lucas 17:17)

Dar las gracias por las bendiciones ya recibidas aumenta nuestra fe y hace posible que nos acerquemos a Dios con nueva audacia y nueva seguridad. Es indudable que la razón por la que tantas personas tienen tan poca fe al orar es porque se toman muy poco tiempo para meditar y agradecerle a Dios por las bendiciones que ya han recibido. Cuando meditamos en las respuestas a las oraciones ya recibidas, nuestra fe se intensifica más y más, y llegamos a sentir en lo profundo de nuestra alma que no hay nada demasiado difícil para el Señor. A medida que reflexionamos, por una parte, sobre la maravillosa bondad de Dios hacia nosotros, y por la otra, sobre la poca consideración, fuerza y tiempo que llegamos a dedicarle a nuestro agradecimiento, bien podríamos acercarnos a Dios con humildad.

Los hombres poderosos de oración en la Biblia, y los hombres poderosos de oración a lo largo de todas las épocas de la historia de la iglesia han sido hombres con gran tendencia a mostrar su gratitud y dar alabanzas. David era un poderoso hombre de oración, y hay que ver lo abundantes que son los salmos en agradecimientos y alabanzas. Los apóstoles eran poderosos hombres de oración y de ellos leemos que "estaban continuamente en el templo, alabando y bendiciendo a Dios". Pablo era un poderoso hombre de oración y con gran frecuencia en sus epístolas estalla en un agradecimiento definido hacia Dios por las bendiciones definidas y las respuestas definidas a sus oraciones. Jesús es nuestro modelo en la oración, como en todo lo demás. Cuando estudiamos su vida descubrimos que su manera de dar las gracias incluso antes de la comida más sencilla era tan perceptible, que después de su resurrección dos de sus discípulos lo reconocieron gracias a esto.

La gratitud es uno de los resultados inevitables de estar llenos del Espíritu Santo, y aquel que no aprende "a estar agradecido por todo" no puede continuar orando en el Espíritu. Si deseamos aprender a orar con poder haríamos bien en permitir que estas dos palabras entraran en lo profundo de nuestros corazones: "con gratitud".

Muy a menudo, cuando nos dirigimos a Dios en la oración, no tenemos muchas ganas de orar. ¿Qué hacer en un caso así? ¿Dejamos de orar hasta que tengamos ganas de hacerlo? Para nada. Cuando tengamos menos ganas de orar es el momento en el que más necesitamos orar. Deberíamos esperar tranquilamente delante de Dios y decirle lo frío y sin ganas de orar que tenemos el corazón y levantar la vista hacia Él y confiar en Él y esperar que Él envíe al Espíritu Santo a consolar a nuestros corazones para que prosigan en sus oraciones. No pasará mucho tiempo antes de que el resplandor de la presencia del Espíritu llene nuestros corazones y comencemos a orar con libertad, franqueza, firmeza y poder. Muchas de las sesiones de oración más bienaventuradas que haya yo conocido han comenzado con una sensación de total insensibilidad y de falta absoluta de ganas de orar; pero en mi indefensión y mi frialdad me he arrojado a los brazos de Dios y he buscado que Él me envíe al Espíritu Santo para que me enseñe a orar, y lo ha hecho.

Cuando oramos en el Espíritu, oramos por las cosas correctas, en la forma correcta. Habrá alegría y poder en nuestra oración.

En dos parábolas del Evangelio de Lucas, Jesús enseña con gran énfasis la lección de que los hombres siempre deberían orar y no desfallecer. La primera parábola se encuentra en Lucas 11:5-8 y la segunda en Lucas 18:1-8.

> Les dijo también: Supongan que uno de ustedes tiene un amigo y va a medianoche a su casa a decirle: 'Amigo, préstame tres panes, porque un amigo mío ha llegado de viaje y no tengo nada que ofrecerle'. Y aquel, respondiendo desde adentro: 'No me molestes; la puerta está cerrada y mis hijos y yo estamos ya acostados; no puedo levantarme para darte nada'. Les digo que aunque no se levante a darle algo por ser su amigo, no obstante, por su importunidad se levantará y le dará cuanto necesite. (Lucas 11:5-8).

Jesús establece en una forma asombrosa la necesidad de importunar en la oración. La palabra que se traduce como "importunidad" significa literalmente "atrevimiento", como si Jesús quisiera que entendiéramos que Dios quiere que nos aproximemos a Él con determinación para obtener las cosas que buscamos, sin que nos sintamos avergonzados por algún aparente rechazo o retraso por parte de Dios. A Dios le encanta la sagrada audacia que no aceptará un "no" como respuesta. Es una expresión de una fe enorme y nada complace más a Dios que la fe.

Jesús parece rechazar a la mujer sirofenicia casi con rudeza, pero ella no permitirá que la rechace y Jesús mira con placer su importunidad carente de vergüenza y le dice: "Oh mujer, grande es tu fe; que te suceda como deseas." (Mateo 15:28). Dios no siempre permite que obtengamos las cosas a la primera. Él desea entrenarnos para hacernos hombres fuertes obligándonos a trabajar duramente por las mejores cosas. Además, no siempre nos da lo que pedimos en respuesta a la primera oración. Desea entrenarnos para hacernos hombres de oración fuertes obligándonos a orar con fuerza por las mejores cosas. Hace que sigamos orando.

Me da gusto que esto sea así. No hay entrenamiento más bienaventurado en la oración que el que proviene de ser obligado a pedir una y otra y otra vez a través de un largo periodo de años antes de que obtengamos aquello que buscamos de Dios. Muchas personas llaman "someterse a la voluntad de Dios" cuando Dios no les concede sus peticiones a la primera o segunda vez que lo piden, y dicen: "Bueno, tal vez no sea la voluntad de Dios".

Como regla, esto no es sumisión, sino pereza espiritual. No llamamos "sumisión a la voluntad de Dios" cuando renunciamos después de uno o dos intentos por obtener las cosas mediante la acción; lo llamamos falta de fortaleza de carácter. Cuando el hombre fuerte de acción se pone en marcha para lograr algo, si no lo logra a la primera, a la segunda o a la centésima vez, continúa insistiendo hasta que ciertamente lo logra; y el hombre fuerte de oración, cuando comienza a orar por una cosa, continúa orando hasta que obtiene lo que busca. Debemos tener cuidado con lo que le pedimos a Dios, pero cuando comenzamos a orar por algo, nunca debemos renunciar a orar por ello hasta que lo obtengamos o hasta que Dios nos deje completamente en claro y de una manera totalmente definida que no es Su voluntad el concedérnoslo.

Una de las grandes necesidades de la actualidad es la de que haya hombres y mujeres que no solo comiencen a orar para obtener cosas, sino que oren y sigan orando hasta que obtengan aquello que buscan del Señor.

UN NIÑO INGLÉS ORA

Me encontraba en mi iglesia cuando un niño pequeño entró y pronto quedó absorto en sus oraciones. Permaneció arrodillado y me sentí maravillado por él. Cuando salió, le pregunté si venía aquí con frecuencia. A lo cual él respondió: "Cinco veces en los últimos seis días". Le pregunté si tenía algún familiar que estuviera combatiendo en Dunkerque. Respondió: "Sí, mi papi; pero acaba de llegar a casa esta mañana, así que nada más vengo aquí a darle las gracias a Dios". *El párroco de Woolwich.*

* * *

CREO EN LA ORACIONES[8]

EDDIE RICKENBACKER

HAY muchas cosas relacionadas con la mente y el alma humanas acerca de las cuales no sabemos mucho. Tenemos breves vistazos de ellas cuando, en momentos de peligro, cruzamos un poco la línea del pensamiento ordinario.

Hace algunos años, mientras mi auto rugía durante el último tramo de una carrera de autos, sentí que podía controlar esa máquina con la mente, que podía mantenerla como una unidad con la mente y que si al final se descomponía, podría hacerla funcionar con la mente. Era una sensación de dominio, de confianza suprema. Pero era real.

Si hubiera dicho algo así en aquel momento, los muchachos habrían dicho que estaba loco. Pero incluso ahora no puedo explicarlo. Sin embargo, tengo la creencia de que si piensas en el desastre, eso es lo que obtienes. Preocúpate por la muerte y acelerarás tu fallecimiento. Piensa en forma positiva y con autoridad, con fe y con confianza, y la vida se vuelve más segura, más llena de acción, más rica en logros y experiencias.

Tal vez, cosas como el control de la mente sobre la materia y la transmisión de las ondas del pensamiento estén enlazadas; quizá son parte de algo tan grande que no lo hemos comprendido aún. Es parte de nosotros y parte de ese Algo que nos cuida. Es una de las cosas que me hacen creer en la protección personal y en la vida después de la muerte. No sé cómo decirlo con palabras.

Me sucedió otra cosa extraña. Hace algunos años, iba volando hacia Chicago. Era un domingo por la tarde a mediados de diciembre y el clima era horrible. Había mucho hielo. De repente, perdimos la señal de radio. Durante mucho tiempo volamos de un lado a otro, tratando de captarla. Nos rodeaba la neblina. Estábamos perdidos, fuera de curso y volando a ciegas. Nuestro radio transmisor-receptor se había apagado y habíamos perdido la comunicación con el mundo. Volamos durante siete horas, ¿hacia dónde?, no lo sabíamos. Nadie sabía dónde estábamos; es más, nadie sabía que estábamos perdidos.

La noche se aproximaba. Entonces, súbitamente vimos una luz en medio de la oscuridad. El piloto hizo que el avión descendiera a unos 30 metros y vimos luces que brillaban en una carretera de cuatro carriles.

Dije: "Esa carretera debe ir a algún lado", y la seguimos por una cierta distancia.

Luego vimos un resplandor rojo a la derecha y nos dirigimos en dirección a él y vimos que era un río que reflejaba la luz. Volamos hasta llegar al río y en el crepúsculo de las seis y media del invierno apareció una ciudad: ¡Toledo! Vi el anuncio iluminado de la compañía Toledo-Edison mientras pasamos rozando la parte superior del puente. Rozando los techos, volamos en círculo y aterrizamos en el aeropuerto unos instantes después. Solamente nos quedaba combustible para once minutos de vuelo.

Habíamos volado a ciegas, sin una señal de radio, pero de igual forma, habíamos encontrado una señal. Me gusta pensar que se trataba de "La Gran Radio" que hizo que continuáramos; ese Algo que hace que todos sigamos volando de forma segura cruzando la niebla y la noche, hacia alguna meta misteriosa e importante. "La Gran Radio" es bidireccional (de transmisión y recepción). Tienes que mantenerte sintonizado con ella y tienes que hablar en respuesta. Creo en la oración. Aprendí a orar mientras estaba sentado en las rodillas de mi mamá.

Un día, en Francia, con un solo magneto funcionando en mi avión biplano francés Nieuport, me atacaron tres biplanos alemanes albatros. Salí de un vuelo en picada con tanta rapidez que la enorme presión hizo que la sección derecha del ala superior se colapsara. Sin importar lo que intentara hacer, no podía salir de ese remolino de la muerte. Con frecuencia deseo poder pensar bajo condiciones normales tan rápido como lo hice durante esa caída. Mientras luchaba con los controles y trataba de hacer que el motor volviera a arrancar, vi todo lo bueno y lo malo que había yo hecho, y la mayor parte era malo. Entonces comencé a orar. Dije: "Dios, ayúdame a salir de esto".

Como un último acto de desesperación, lancé mi peso hacia el lado izquierdo de la cabina del avión y tiré con fuerza de los controles y abrí al máximo la válvula del combustible. De repente, el motor comenzó a toser y a vibrar con violencia, y comenzó a alejarse volando con el ala buena que le quedaba, en dirección a Francia. Lo mantuve así durante todo el vuelo a casa.

Este escape, y otros que tuve, no fueron resultado de una extraordinaria capacidad o de un extraordinario conocimiento de mi parte. No estaría vivo si hubiera dependido de eso. Me di cuenta entonces, mientras volaba hacia Francia con un ala, que tenía que tratarse de Algo Más. Había visto morir a otros que eran más brillantes y más capaces que yo. Sabía que había un Poder. Tengo la creencia de que se puede invocar a ese Poder para pedirle ayuda.

No soy egoísta al punto de creer que Dios me salvó por ser quien soy. Creo que hay un trabajo que tengo que hacer (igual que tú), y me salvó para que lo cumpliera. No tengo ningún miedo a la posibilidad de morir mañana.

En una noche lluviosa de febrero de 1941, sufrí el peor accidente de mi vida. Cuando recuerdo esos días de terrible agonía en el hospital, me doy cuenta de que había una razón detrás de todo ello. Era una prueba y una preparación para lo que estaba por venir.

Durante los cuatro meses que estuve en cama en el hospital, reflexioné más acerca de la vida y de la muerte de lo que lo había hecho antes. Veintiún meses después me encontraría a la deriva en una balsa salvavidas con otros siete hombres hambrientos, la mayoría de ellos, tan jóvenes, que necesitaban la fortaleza y comprensión de un hombre que hubiera estado abajo, en el valle de las sombras, que hubiera sufrido y que sacara cierta lógica de su sufrimiento. A esos hombres pude llevar la esencia de la religión y la filosofía que había destilado en el hospital.

En una ocasión estuve a punto de morir debido a una hemorragia en la garganta. Dije: "Ha llegado mi hora".

Me llegó como un destello la idea de que lo más sencillo en el mundo es morir y que lo más difícil es vivir. Morir era un placer sensual; vivir era una tarea desagradable. En ese momento decidí vivir. Sabía por experiencia que el abandonarse a la muerte es un pecado. Yo estaba desistiendo. Tenía trabajo por hacer, a otros a quien servir.

Entendí muchas cosas. Me di cuenta de que no tenía miedo a morir, porque había vivido tantas cosas buenas y tantas cosas malas que ya no sentía el tormento juvenil de no haber vivido en absoluto. Sentía solo el pesar de no ser capaz de ayudar a otras personas. Y cuando finalmente recapacité, vi la vida y la muerte y el significado de la Regla de Oro con más claridad que antes.

Llevé esa claridad conmigo a la balsa de caucho en el Pacífico sur después de que se estrellara nuestro avión. No narraré esa historia de nuevo. Simplemente quiero comentar su significado. De los ocho hombres que estaban en esas tres balsas, solo yo no perdí la fe en que nos rescatarían. A lo largo de esos 21 días de sol abrasador y de noches de terrible frío, estuvimos a la deriva con un propósito. Vi que la vida no tenía significado excepto en términos de ayudar a otros.

Pienso con humildad que el hombre no se interesa instintivamente en los demás. Lo hace mediante un acto de voluntad. Veo que las ideas de "Yo soy el guardián de mi hermano" y "Hagan a los demás lo que quieran que los demás hagan con ustedes" son la esencia misma de la verdad.

Mis experiencias y el sufrimiento por el que pasé me enseñaron que la fe en Dios es la respuesta a la vida.

Recientemente, en un hospital de rehabilitación, me dirigí a un grupo de veteranos incapacitados. Muchos estaban desalentados; el futuro parecía oscuro y no era prometedor. Sabía cómo se sentían, pues yo también había pasado por muchas cosas, pero había encontrado un secreto con el cual superarlas y los alenté a que encontraran el mismo secreto.

Les dije: "Si no han tenido una experiencia con Dios en su vida, mi consejo es que se pongan a trabajar y logren tener una". Porque esa es la manera segura de ganar victorias y superar la derrota interior. Esa es la forma en la que un hombre humilde se enfrenta a la vida o a la muerte.

> En el día de mi angustia te llamaré. Porque tú me responderás. Salmos 86:7.

LA ORACIÓN ES PODER[9]

DR. ALEXIS CARREL

La oración no es solo adoración; es también una emanación invisible del espíritu de adoración del hombre: la forma más poderosa de energía que podamos generar. La influencia de la oración en la mente y el cuerpo humanos es tan demostrable como la de las glándulas secretoras. Los resultados pueden medirse en términos de un aumento en la resistencia física, un mayor vigor intelectual, una mayor fortaleza moral y una comprensión más profunda de las realidades que subyacen a las relaciones humanas.

Si haces que la oración sincera se convierta en un hábito, tu vida cambiará de una manera profunda y notable. La oración deja su marca indeleble en nuestras acciones y nuestra conducta. Se observa una tranquilidad en el comportamiento, una calma en el rostro y el cuerpo de aquellos cuya vida interior se ha visto enriquecida de esta forma. En las profundidades de la conciencia se enciende una luz y el hombre se ve a sí mismo. Descubre su egoísmo, su tonto orgullo, sus temores, sus ambiciones, sus errores. Desarrolla un sentido de obligación moral, de humildad intelectual. Comienza así un viaje del alma hacia el reino de la gracia.

La oración es una fuerza tan real como la gravedad terrestre. Como médico, he visto que después de que todas las demás terapias han fallado, las personas se recuperan de la enfermedad y la melancolía por medio del esfuerzo sereno de la oración. Es el único poder en el mundo que parece derrotar a las supuestas "leyes de la naturaleza"; las ocasiones en las que la oración ha llevado a cabo esto en forma dramática han sido llamadas "milagros". Pero cada hora ocurre un milagro constante y más silencioso en los corazones de hombres y mujeres que han descubierto que la oración les proporciona una fuente continua de poder sustentador en su vida cotidiana.

Muchas personas ven la oración como una rutina formalizada de palabras, como un refugio para los débiles, o como una petición infantil de cosas materiales. Tristemente menospreciamos la oración cuando la concebimos en esos términos, igual que subestimaríamos a la lluvia si la describiéramos como algo que llena el plato en el que los pájaros se bañan en nuestro jardín. Si la entendemos apropiadamente, la oración es una actividad madura indispensable para el desarrollo pleno de la personalidad: la máxima integración de las facultades superiores del hombre. Solo en la oración logramos el ensamblaje armónico y completo del cuerpo, la mente y el espíritu, lo cual proporciona a la frágil caña humana su fuerza inquebrantable.

La oración, al igual que el elemento radio, es una fuente de energía luminosa autogenerada.

¿Cómo nos fortalece la oración con tanto poder dinámico? Para responder esta pregunta (que ciertamente está fuera del ámbito de la ciencia) debo hacer notar que todas las oraciones tienen algo en común. Los hosannas triunfantes de un gran oratorio o la súplica humilde de un cazador iroqués rogando tener éxito en la cacería demuestran la misma verdad: que los seres humanos tratan de aumentar su energía finita dirigiéndose a la fuente infinita de energía. Cuando oramos nos conectamos con la fuerza motriz inagotable que hace girar al universo. Pedimos que una parte de esta fuerza se asigne a nuestras necesidades. El solo hecho de pedir cubre nuestras deficiencias humanas y surgimos fortalecidos y renovados.

Sin embargo, jamás debemos convocar a Dios para satisfacer nuestros caprichos. Obtenemos más poder de la oración cuando la usamos, no como una petición, sino como una súplica para ser más como Él. La oración debería considerarse como la práctica de la Presencia de Dios. Como el caso de un campesino que estaba sentado solo en el último banco de la iglesia de su pueblo. Se le preguntó: "¿Qué está usted esperando?", y él respondió: "Lo estoy viendo a Él y Él me está viendo a mí". El hombre ora no solo para que Dios lo recuerde, sino también para que él recuerde a Dios.

¿Cómo podría definirse la oración? La oración es el esfuerzo del hombre para alcanzar a Dios, para comulgar con un ser invisible, creador de todas las cosas, de sabiduría suprema, de verdad, de belleza y fortaleza, padre y redentor de cada hombre. Esta meta de la oración siempre permanece oculta a la inteligencia, pues tanto el lenguaje como el pensamiento fracasan cuando tratamos de describir a Dios.

No obstante, sabemos que siempre que nos dirigimos a Dios en una oración ferviente transformamos tanto el cuerpo como el alma. No podría ser que un hombre o una mujer dijera una oración sin que resultara en algún bien. Emerson dijo: "Ningún hombre ora sin aprender algo".

Podemos orar en todas partes. En las calles, en el metro, en la oficina, en la tienda, en la escuela, y también en la soledad de tu propio cuarto o entre la multitud de una iglesia. No hay una postura, tiempo o lugar prescritos.

Epicteto, el estoico, dijo: "Piensa en Dios con mayor frecuencia que con la que respiras". Para que verdaderamente moldee la personalidad, la oración debe convertirse en un hábito. No tiene caso decir una oración en la mañana y vivir como un bárbaro el resto del día. La verdadera oración es una forma de vida; la vida más verdadera es, literalmente, una forma de oración.

Las mejores oraciones son como las improvisaciones de los enamorados talentosos: siempre se refieren a lo mismo, pero nunca son iguales. No podemos ser tan creativos en las oraciones como Santa Teresa o Bernard de Claraval, quienes vertieron su adoración en palabras de belleza mística. Afortunadamente, no necesitamos su elocuencia; Dios reconoce nuestro más leve impulso hacia la oración. Incluso si somos lastimosamente torpes, o si nuestras lenguas están recubiertas con vanidad o engaño, nuestras escasas sílabas o alabanzas son aceptables para Él, y Él nos colma con manifestaciones fortalecedoras de Su amor.

En la actualidad, como nunca antes, la oración es una necesidad imperiosa en la vida de los hombres y las naciones. La falta de énfasis en el sentido religioso ha llevado al mundo al borde de la destrucción. Nuestra fuente más profunda de poder y perfección ha quedado tristemente subdesarrollada. Debemos practicar en nuestra vida privada la oración, que es el ejercicio básico del Espíritu. El alma descuidada del hombre debe fortalecerse lo suficiente para afirmarse una vez más. Porque si de nuevo se desencadena el poder de la oración y se usa en la vida de los hombres y las mujeres comunes y corrientes, si el espíritu declara sus objetivos con claridad y de manera audaz, todavía hay esperanza de que nuestras oraciones por un mundo mejor reciban respuesta.

> Dios es quien me ciñe de poder, y quien hace perfecto mi camino. Salmos 18:32.

UNA ORACIÓN

GRENVILLE KLEISER

Si yo puedo hacer algún bien en este día,
Si puedo servir a lo largo de mi vida,
Si puedo dar con mi palabra alegría,
  Señor, muéstrame cómo.

Si puedo corregir algún error humano,
Si yo puedo dar fortaleza a algún hermano,
Si puedo cantar y sonreír sin que sea en vano,
  Señor, muéstrame cómo.

Si yo puedo una pesada carga aminorar,
Si yo puedo a alguien en desgracia ayudar,
Si yo puedo expandir más la felicidad,
  Señor, muéstrame cómo.

Si yo puedo realizar un acto de bondad,
Si puedo sembrar la semilla de un árbol frutal,
Si puedo ayudar a alguien en necesidad,
  Señor, muéstrame cómo.

Si yo puedo a un corazón hambriento alimentar,
Si habiendo aprendido puedo volver a empezar,
Si mi alma puedo yo con hechos más nobles llenar,
  Señor, muéstrame cómo.

LA ORACIÓN ES UNA MEDICINA MENTAL

GREENVILLE KLEISER

Hay muchos registros de hombres que en momentos de graves aflicciones han orado en busca de sabiduría y orientación con el fin de tener fe y un corazón de acero. No se detuvieron a discutir acerca de la eficacia de la oración. En el momento del dolor físico, del peligro, de la crisis, recurrieron a Dios y suplicaron sinceramente Su ayuda. Y esa oración siempre les trajo consuelo.

El capitán Eddie Rickenbacker y sus compañeros, a la deriva en una balsa de caucho, cuentan la forma en la que oraron al verse amenazados por el hambre y la muerte, y cómo una gaviota llegó y se posó en la cabeza de Rickenbacker. Le arrancaron toda la carne y la devoraron. La oración, la valentía y la fe fueron su principal apoyo en momentos de terrible necesidad.

Somos una nación cristiana, y en general creemos en la oración. Es indudable que si la oración tuviera un lugar más importante en nuestra vida, estaríamos más saludables, seríamos más fuertes y valerosos, tendríamos más esperanza y estaríamos más preparados para la vida y para nuestros deberes.

Se dice que el generalísimo Chiang Kai-shek se refugiaba en un periodo de tranquilidad, arrodillándose, siempre que tenía que tomar una decisión importante. La oración era parte de su régimen diario.

* * *

Un eminente médico nos dice que la oración es la medicina más poderosa y efectiva para las mentes enfermas. Hace que la fe se ponga a trabajar. Limpia del cuerpo los venenos mentales (la preocupación, el miedo, el odio y cosas semejantes) y brinda un punto de vista más sano sobre la vida a quien reza.

Washington se arrodilló para orar en Valley Forge; Woodrow Wilson pidió a esta nación que orara en los oscuros días de 1918; a lo largo de las eras, ha sido posible encarar y dominar los grandes problemas cuando el pueblo de Dios ha esperado en Su presencia.

Una enfermedad grave puede ser causada por dar rienda a los celos, el enojo, la avaricia, chismes maliciosos o discusiones familiares. El remedio, con frecuencia, radica en crear una calma interior, demostrar paciencia y orar cotidiana y sinceramente.

En los días trágicos de adversidades, sufrimiento y ansiedad, los hombres necesitan de la oración como en ningún otro momento. El peregrino que lleva a cuestas la cruz mientras viaja por la noche de la aflicción encuentra en la oración el signo de la victoria y la promesa del mañana.

* * *

Dedica tu vida al servicio de Dios. Puedes trasladar este espíritu elevado a tus actividades cotidianas, sea cual sea su naturaleza. Si está bien servir a Dios en cualquier momento, entonces está bien servirlo en todo momento. Si vas a usar uno de tus dones para honrar a Dios, entonces deberías usar tus dones para este gran propósito.

Si es deseable que practiques la pureza, la sabiduría y la rectitud una parte del tiempo, definitivamente será deseable de igual manera que practiques estas grandes virtudes cada momento. No puede haber un propósito más elevado en tu vida que servir a Dios en todo momento, con cada pensamiento, palabra y acción.

Tienes el privilegio de hacerlo a partir de hoy. Dios espera tu respuesta. Medita en ello.

UNA ORACIÓN SENCILLA

San Francisco de Asís

Señor, hazme un instrumento de Tu paz. Donde hay odio, permíteme sembrar amor. Donde haya ofensa, lleve yo el perdón. Donde haya duda, lleve yo la fe. Donde haya desesperación, lleve yo la esperanza. Donde haya tinieblas, lleve yo la luz. Donde haya tristeza, lleve yo la alegría.

Oh, Divino Maestro, haz que yo no busque tanto ser consolado, sino consolar; ser comprendido, sino comprender; ser amado, sino amar; porque es dando como recibimos; perdonando, que se nos perdona, y es muriendo que nacemos a la Vida Eterna.

LA ORACIÓN ES CÓMO VIVES[8]

HERBERT H. HARRIS

Toda mi vida he sido tremendamente sensible a los olores. Una vez, cuando tenía unos cinco años, me llevaron a una exposición de flores. Me dijeron que me quedara completamente inmóvil, que cerrara los ojos y que respirara embelesado. Dije: "Dios debe oler así".

Eso explica exactamente la manera en la que me siento con tanta frecuencia: Dios debe oler así; esa es la fragancia de Dios.

Mi hermana mayor, Rose, me crio. Yo era hijo de una pareja de ancianos y cuando nuestra madre murió, Rose, que ya estaba casada y era madre, se encargó de mí. Ella y su famoso esposo, Lew Fields, el gran comediante, me criaron con sus dos hijos y sus dos hijas. Rose fue una hermana y una madre para mí, y no creo que eso haya sido una tarea fácil.

Como yo tenía una respuesta marcada hacia todo lo bello, me propuse, por el contrario, ser rudo. Y fui rudo. Fui el chico de los bates en el equipo de los Gigantes, y ningún honor, distinción o éxito podría haber superado la amistad cercana con héroes tales como John McGraw, Christy Mathewson, Roger Bresnahan, Rube Marquard y Al Bridwell.

Eso y otro aspecto más destacan en mi infancia para la obtención de un triunfo claro. Yo era un chico neoyorquino en toda la extensión de la palabra, y me encanta Nueva York igual que a los monos les encanta el maní. En la Calle 19 hay un árbol que sembré cuando tenía 12 años. No creo que haya otro árbol tan bello como ese en todo el mundo. Creció conmigo y lo visito con regularidad.

Cuando me siento triste y desalentado, voy y me comunico con ese árbol y fluye a través de mí todo lo que Joyce Kilmer sentía y expresaba. Solamente Dios puede hacer un árbol, pero cuando yo era niño, le ayudé a Él a poner uno en una ciudad. Además, Él y yo cuidábamos de ese árbol.

Es curioso el sentimiento de cercanía que tuve con Dios desde mi primera infancia. Pero yo tenía mi propio trato con Dios y lo cumplí. Las líneas de la Biblia que tomé como mis directrices personales son: No seas perezoso en los negocios; ten un espíritu fervoroso; sirve al Señor; y "La más grande de todas es la Caridad". Pero esto último siempre ha parecido demasiado sencillo. Hay tantas curaciones, tantas e incontables bendiciones, y tantas retribuciones cuando uno da, que con frecuencia me pregunto dónde está el beneficio espiritual. Es práctico tanto como emocionante, ¿y dónde está la nobleza en todo ello?

Bueno, Dios y yo teníamos nuestro acuerdo, y más allá de eso, me mantenía apartado de los asuntos religiosos. Veía muchos tipos de religiones y todas parecían buenas, pero no podía entender la razón por la que era tan terriblemente importante que esta iglesia o aquel credo fuera el principal. Crecí en la fe judía y muestro reverencia hacia quienes la practican en verdad.

Pero como creo que le sucede a cualquier hombre o mujer, llegó el día en que un milagro me paró en seco. La palabra milagro es una de esas que me hacen sentir incómodo. Me afecta como la palabra "fantasma" o "espíritus".

Ocurrió en Francia, en la Primera Guerra Mundial. En ese momento, yo era teniente y estaba acampando en un pequeño poblado en las afueras de Verdún, junto con 18 hombres que habíamos quedado apartados de todo —ya fueran noticias o suministros—, mientras se lanzaba una ofensiva. Los alemanes se aproximaban cada vez más; nos encontrábamos entre ellos y la población. Sentíamos que teníamos el tiempo contado.

Hacia el amanecer, encontré en mi bolsillo una carta de mi hermana Rose, la cual no había tenido tiempo de abrir. La leí en ese momento. Al parecer, mi hermana sentía que estaba yo en un grave peligro y quería que supiera que sus oraciones me rodeaban como una protección y que ella y otras personas estaban rezando por mí. Eché un vistazo a los otros compañeros que se encontraban en el cuarto. Estaban demacrados y asustados. No habían comido en veinticuatro horas.

Regresé a la carta en la que mi hermana había escrito una cita de la Biblia:

> Diré yo al Señor: "Refugio mío y fortaleza mía, mi Dios, en quien confío". Porque Él te libra del lazo del cazador y de la pestilencia mortal. Con sus plumas te cubre, y bajo Sus alas hallas refugio; escudo y baluarte es Su fidelidad. No temerás el terror de la noche, ni la flecha que vuela de día, ni la pestilencia que anda en tinieblas, ni la destrucción que hace estragos en medio del día.

"Aunque caigan mil a tu lado y diez mil a tu diestra, a ti no se acercará."

Doblé la carta y me la metí a la camisa. Ya no sentía miedo. Me dirigí a los hombres y les pregunté: "¿Vieron la carta que estaba yo leyendo? Mantengan la frente en alto. Nada nos va a suceder, porque justo en este momento están rezando por nosotros. Si alguno de ustedes, muchachos, tiene una oración que decir, sugiero que la diga y ayude".

Un hombre que estaba en la esquina dijo en voz alta, con voz profunda: "El Señor esté con nosotros".

"Amén", dije por primera vez en mi vida, en voz alta. Todo el cuarto lo repitió en forma solemne. He llegado a adorar esa palabra: Amén o Así sea. Es mi oración favorita.

Apenas habíamos terminado cuando los grandes cañones comenzaron a disparar. Las cinco horas siguientes fueron un horror completo e indescriptible, duplicado, ya que nos sentíamos tan indefensos. Yo no creía que tal aniquilación fuera posible, ni tales sonidos u olores. El diablo debía oler así.

No fue sino hasta media mañana que nos dimos cuenta de que los Aliados estaban más activos que los boches, quienes empezaron a replegarse en ese momento. Vi que la iglesia del poblado se caía como si fuera el juguete de un niño. Los edificios cercanos eran ruinas humeantes.

No sé por qué miré mi reloj. Eran las doce. "Estragos en medio del día", había escrito Rose. Si en alguna ocasión se había cronometrado una profecía, este era el caso. Ninguno de los diecinueve que éramos tenía un rasguño. Nada en nuestras habitaciones había sido destruido o tocado. Fue como si un círculo hubiera sido dibujado alrededor de nuestra casa y del establo, y todo lo demás hubiera quedado borrado.

Nunca nadie más tuvo que convencerme del poder de las oraciones. El misterio es cómo las personas pueden decir sus oraciones de forma impasible o distraída. La oración es demasiado potente y dinámica como para abordarla con superficialidad.

PODER CREATIVO

HAY Poder dentro de mí que es la Vida misma;
Puedo recurrir a él y apoyarme en él;
Mientras recurro a él y me apoyo en él,
Me ayuda y me cura en todo momento.

Hay Sabiduría en sí dentro de mí que es la Vida misma;
Puedo recurrir a ella y apoyarme en ella;
Mientras recurro a ella y me apoyo en ella,
Me ayuda y me cura en todo momento.

Hay Amor en sí dentro de mí que es la Vida misma;
Puedo recurrir a él y apoyarme en él;
Mientras recurro a él y me apoyo en él,
Me ayuda y me cura en todo momento.

—Anónimo

LA FUERZA DE LA ORACIÓN ES LA FUERZA DE LA VIDA

PAUL MARTIN BRUNET

Cada vez que oramos estamos usando la fuerza vital del universo.

La fuerza de la oración no solo libera las energías latentes de nuestro ser, sino que renueva estas energías con vitalidad y poder. La energía emocional e intelectual debe ser liberada, o todo el sistema físico sentirá los efectos del poder reprimido.

Observa la forma en la que un automóvil vibra cuando el motor simplemente gira o acelera en una posición estacionaria. Todo el automóvil se sacude y se agita con una energía reprimida. En el momento en el que la energía se libera y el auto avanza, se produce un ritmo armónico y una acción correcta. Las emociones y los sentimientos reprimidos son iguales y le hacen lo mismo a tu cuerpo.

La fuerza vital y la energía dentro de ti es el mismo poder vital que hace que la tierra gire sobre su eje, que el sol estalle en rayos de millones de voltios y que el sistema estelar se mueva con una gracia y una magnificencia más allá de toda comprensión común y corriente. La percepción de esto está personificada en nuestra oración.

La oración diaria —la comunión con el Poder Divino— es tan necesaria como el alimento, el agua o el aire, pues te ayuda a liberar la Energía Divina almacenada en tu conciencia.

La oración y el tratamiento son una aplicación directa del poder dinámico del universo. La oración y el tratamiento se concentran conscientemente en el poder curativo de Dios siguiendo líneas constructivas. Curan enfermedades, resuelven problemas, renuevan nuestro ser físico y nos cargan con poder y reservas de fortaleza por encima y más allá de nuestra capacidad ordinaria.

"La oración es poder" dijo el famoso doctor Carrel, y sabía de lo que estaba hablando. En su libro, *Man the Unknown* [*El hombre desconocido*], expresa que se han curado cánceres, se han disuelto tumores y se ha restaurado la vida por este medio espiritual natural. Siempre está a nuestra disposición. Siempre está disponible si lo usamos con decisión, persistencia y de forma deliberada.

El ritmo de la regularidad es tan necesario para una demostración definida como el ritmo de la respiración. ¡Una inhalación profunda no te proporciona suficiente oxígeno para todo un día! Y sabemos que más nos vale seguir respirando profundamente, con regularidad, con ritmo, o de lo contrario…

Nuestras esperanzas, deseos, intuiciones y planes están ligados al profundo contenido emocional de nuestro ser. El tratamiento-oración libera estos aspectos profundos de nuestro espíritu en una secuencia ordenada y con la acción correcta. A menudo, los bloqueos emocionales son elementos ocultos y oscuros que todo psiquiatra trata de poner al descubierto (como hongos en un oscuro sótano) y eliminarlos.

Una vez aliviada de la presión interna —¿y qué es la presión sino un conflicto estancado?— la naturaleza mental y física de nuestro ser se calma, se serena y se equilibra.

Tenemos el ejemplo de Abraham Lincoln, quien, presionado por preocupaciones difícilmente tolerables, se retiraba a su cuarto en busca de la tranquilidad y el consuelo de la oración. Hablaba con Dios en forma tan íntima como tú y yo hablamos con nuestro mejor amigo. Se sabe que en un momento durante la Guerra Civil de Estados Unidos, las condiciones se veían tan negras que Lincoln parecía estar agobiado por el peso abrumador de su posición. Se fue a su cuarto, habló con Dios, y en esencia le dijo: "Dios, he hecho todo lo que sé hacer. He hecho todo lo que se me ha ocurrido hacer. Si quieres que se salve este país, tendrás que salvarlo Tú. Simplemente, no sé qué más hacer. Tú tendrás que hacerte cargo y dirigir las cosas. Yo no puedo... gracias, Dios".

Se sabe que, mientras Lincoln bajaba por las escaleras, sintió que un gran peso se le quitaba de los hombros, de la mente y del corazón. Se sintió libre. Se había liberado de su carga dejándosela a ese Poder que era más grande que él. Las cosas mejoraron a partir de ese día. Se había vaciado de sus presiones internas a través de la oración.

¿Qué hacemos cuando visitamos al psiquiatra, al psicoanalista, al practicante de la Verdad? ¿No nos descargamos de nuestras confusiones, conflictos, impulsos y represiones internas? ¿Acaso no hablamos de cómo nos sentimos? ¡Ciertamente! Y la oración es simplemente la forma original de hablar de nuestras cosas con la Inteligencia Divina, que siempre tiene las respuestas ¡pues Dios siempre responde a la oración!

¿Qué amigo más poderoso podríamos tener que el Médico Divino, el Psiquiatra Divino? Las Escrituras están repletas de ejemplos de cómo el arte y la ciencia de la oración actúan en los asuntos cotidianos. La naturaleza interna de nuestra alma debe ser alimentada, nutrida, sostenida por medio de una dieta diaria de alimento espiritual. Descuidar esto es como ir dando tumbos por la vida igual que un auto con sobrecarga que tiene un motor de un solo cilindro.

Hoy en día la oración científica nos enseña un espectro más amplio y más elevado, y nos muestra que el Poder Universal está disponible dentro de nosotros. Toma algún salmo, oración o afirmación de la verdad que te guste mucho. Escríbela en una tarjeta. Si usas una oración muy vieja, redacta una oración nueva. Las oraciones viejas y el pensamiento viejo no te producen ningún beneficio. Toma algo que te revitalice, que te dé energía: algo poderoso. Por ejemplo: Dios es la Vida de mi ser. Dios es la Verdad de mi ser. Dios es la Sustancia de mi ser, aquí y ahora.

Léela. Estúdiala. Entra en el ritmo de la afirmación. Siéntela en cada poro de tu ser. Báñate en ella mental y espiritualmente. Las cosas viejas mueren. Cada vez que la dices nace una nueva energía de vida. Medita en ella tres veces al día. Dila 20 veces al día, cuando la sensación de miedo quiera interrumpir tu progreso o tu paz. ¿Por qué limitarte? Úsala cada vez que necesites algún tipo de ayuda.

¡Háblale a Dios y permite que Dios te hable! Cuando termines con tu oración, tómate un tiempo para quedarte tranquilo (verdaderamente tranquilo) y permite que Dios te hable. Será una nueva experiencia, una nueva aventura, un viaje de descubrimiento de un Poder que es más grande que tú. La sanación, la paz, el fortalecimiento están a la espera de tu comunión, de tu unión con el Ser Universal que trata de confortarte, revivirte y renovarte en todo momento. Puedes decir:

Dios dispone de mí, Dios me sostiene, Dios me mantiene, aquí y ahora; porque el reino de Dios está dentro de mí.

Esta es la fuerza de la Oración, la fuerza vital, la Oración Científica. Y puedes comenzar en este momento, aquí, hoy. Inténtalo y observa. El Espíritu de Dios está dentro de ti. "No temas porque el Señor tu Dios está contigo, a donde quiera que vayas". Nadie puede quitarte la paz, excepto tú mismo.

Dios ha ordenado a sus ángeles que te protejan en todos tus caminos, dice el Salmo 91. Cuando lo llamas, Él te responde. Cuando lo haces, Dios te pone por encima de los miedos y las preocupaciones cotidianas, porque está escrito: "Le concederé una larga vida y lo haré ver mi salvación".

Con esta consagración y con esta comprensión más profunda de la Oración puedes hacer lo que es bendito, lo que es de Cristo. Puedes reclamar tu bien y compartirlo con otra persona: un amigo, un compañero. Muéstrale un nuevo punto de vista sobre la Vida y el vivir. Se han llevado a cabo más sanaciones de esta manera que las que la boca pueda contar. No salimos a convertir a nadie. Salimos a sanar y a ayudar, siempre dando el crédito a Dios. Sé un canal para el bien que ha llegado a ti. Libera la fuerza de la Oración, la fuerza vital para alguien más, tal y como fue liberada para ti.

¡Este es el momento! Este es el día, y habrá paz para tu alma, bálsamo para tu espíritu y una canción en tu corazón a medida que traduces el pensamiento en acción. ¿Por qué? Porque la Oración es una calle de dos vías. Puedes pensar:

Al dar a otro, me doy a mí mismo.
Al abrir una puerta para otro, abro una para mí.
al dar a otro, me doy a mí mismo,
porque con la medida que mido,
Seré medido una y otra y otra vez.
¡Gracias Señor! ¡Siempre habrá más, y más y más!

Echa sobre el Señor tu carga, y Él te sustentará. Salmos 55:22.

ORACIÓN

La oración es el deseo sincero del corazón,
expresado o no expresado:
el movimiento de un fuego oculto
que tiembla en el pecho.

La oración es la forma más simple de hablar
que los labios de un niño pueden intentar;
y el esfuerzo sublime de la oración ciertamente
alcanza
a la Majestad en las alturas.

La oración es la respiración vital del cristiano,
el aire nativo del cristiano:
su palabra clave, la superación de la muerte;
él entra en el cielo con la oración.

—James Montgomery

LA MAGIA DE CREER[10]

Un sermón del
DR. NORMAN VINCENT PEALE

A través de la "magia de creer" un individuo que era un fracaso perenne se convirtió en un hombre muy exitoso. Provenía de una familia excepcionalmente fina, con oportunidades de educación y de negocios muy superiores al promedio, pero también tenía un gran talento para el fracaso. Todo lo que tocaba salía mal. Se esforzaba mucho. Era tenaz e ingenioso, pero fracasaba; sencillamente no tenía el toque para el éxito. Nadie, yo incluido, podía entender bien la razón de todo ello. Pero hace seis o siete años la situación cambió drásticamente. Toda su vida comenzó a ajustarse. Era obvio que había encontrado un poderoso secreto.

Recientemente, en un almuerzo, estando sentado frente a él, no pude evitar admirar a este hombre atractivo, dinámico, de fino porte, en la cumbre de su poder, y le dije: "Me sorprendes, eres una maravilla de siete días, o debería decir, una maravilla de siete años, ¿Qué fue lo que causó este notable cambio en ti?".

Me contestó: "Pues, es muy sencillo. Te interesará en especial ya que sucedió a través de un versículo de la Biblia que dice así: 'Todas las cosas son posibles para el que cree'. Había leído ese pensamiento muchas veces", continuó, "y lo había oído en sermones, pero sin que causara ningún efecto. De repente, vi que la clave que me faltaba era entrenar mi mente para creer. Y resultó ser cierto. ¿No es milagroso?" me preguntó.

Después de pensarlo un poco, le dije que no pensaba que fuera milagroso en absoluto. De hecho, lo que sucedió fue que se topó con una de las leyes más poderosas del universo. Es una ley que la religión y la psicología reconocen por igual. Es decir: cambia tus hábitos mentales de manera que puedas creer, o lo que es lo mismo, "ten fe", y de inmediato trasladarás todo al reino de lo posible. Esto no significa que con solo creer obtendrás lo que quieres, porque tal vez no tengas el mejor juicio sobre lo que deberías tener. Pero, en definitiva, sí significa que cuando aprendes a creer, aquello que parecía imposible entra de inmediato en el reino de lo posible.

Una de las mentes más brillantes que se hayan desarrollado en el continente americano ha sido la del difunto William James, padre de la psicología estadunidense. Repetidamente, los pensadores modernos de la psicología lo citan como una autoridad. James dijo: "Nuestra creencia al principio de un proyecto dudoso es (y capta bien esto) lo que asegura el resultado exitoso de nuestro proyecto". Aprende a creer que el factor primario y básico del éxito se encuentra presente en toda actividad.

Mi amigo, el distinguido doctor Smiley Blanton, declara que en su trabajo de ayudar a las personas el esfuerzo principal consiste en enseñarles a creer. Todo depende de qué tanto una persona domine el arte de tener fe. Algunas personas no parecen ser capaces de creer en Dios, en sí mismas o en su negocio.

Como resultado, nunca llegan muy lejos. Pero otras tienen la poco frecuente cualidad de creer: tienen fe en Dios, en sí mismas y en su trabajo. Se convierten en triunfadores en este mundo. En la actualidad, los hombres están dándose cuenta de que la fuerza más poderosa en la naturaleza humana es la técnica de poder que se enseña en la Biblia. Ningún libro que se lea en la actualidad se aproxima remotamente a su conocimiento diestro y profundo de la naturaleza humana. Si estás tratando de vivir sin la Biblia, estás cometiendo el peor error de tu vida. No estás actualizado, no eres realmente moderno. De hecho, no eres científico. En verdad, estás obsoleto. La Biblia es sagaz en el énfasis constante que pone sobre la forma en la que el hombre puede lograr ser alguien en la vida. La fe, la creencia, es la esencia de la técnica que enseña. Si puedes creer, nada es imposible. ¿Cuántas veces de manera sorprendente se demuestra eso en la vida de hombres que se vuelven exitosos, que son felices y de provecho?

Uno de los hombres más grandes que han vivido es Winston Churchill. ¡Qué magnifico personaje fue y sigue siendo! Siempre demostrando una fe indómita. Durante la guerra, diseñó lo que llamó puertos flotantes. Convocó a los mejores ingenieros de Inglaterra y les ordenó que hicieran los puertos flotantes. Los ingenieros se enojaron, discutieron con él y le dijeron que eso no podía hacerse, que lo que pedía era imposible.

Churchill les respondió enojado: "No discutan conmigo, discutan con sus dificultades; fabriquen esos puentes flotantes para mí; sé que pueden hacerlo".

Así pues, los fabricaron y fueron un factor importante en la victoria final.

¡Imposible! ¡No puede hacerse! ¿Cuántas veces al día dices eso? Sería un buen experimento que mañana lleves un papel y un lápiz en el bolsillo y cada vez que digas o pienses "Es imposible, no puede hacerse", lo anotes. Mañana por la noche pega el resultado en el espejo. Concéntrate en reducir el número el martes, y aún más el miércoles, el jueves y el viernes. Dentro de aproximadamente una semana, a partir de hoy, experimentarás una enorme explosión de poder en tu mente que hará que deseches el concepto de "imposible" para siempre. Piensa en términos de lo posible. Si ahora, por primera vez en tu vida, realmente aprendes a creer, las cosas entrarán al reino de lo posible. Todo se volverá diferente para ti.

Todos queremos eso, ¿o no? ¿Cómo se hace? ¿Cómo aprendemos a creer? ¿Qué tiene de bueno proclamar un principio si no decimos cómo dominarlo y cómo aprendemos a creer? La práctica, ese es el secreto. ¿Cómo aprendes a tocar el piano? ¿Cómo aprendes a jugar golf? Practicando, esa es la respuesta. Nadie aprende nada excepto por medio de una práctica intensa y persistente. Es más, el tiempo para comenzar a practicar es ahora. Comienza de inmediato a adquirir la habilidad de creer, porque si no comienzas seguirás sin creer hasta que confirmes tu patrón de fracaso.

Para comenzar esta práctica, simplemente repite para ti mismo: "Yo creo", y luego dilo una y otra y otra vez. Todos los días repite muchas veces estas dos palabras mágicas. Tu mente se ha acostumbrado tanto a no creer que al principio se resistirá a tu afirmación con la esperanza de lograr que rechaces tu nueva determinación. Tu mente dirá de manera astuta: "Eres un tonto. No deseas creer en absoluto. No permitas que ese ministro te persuada para que digas estúpidamente: 'Yo creo'. ¿No te he guiado yo, que soy tu mente, durante largo tiempo? Te conozco mejor que él. No creas en esta charla extraña acerca de la fe".

Tu mente reaccionará así debido a que no se siente a gusto con la fe. Ha sido entrenada para no creer. Sin embargo, dirígete a tu mente y dile: "Te digo a ti, mente miserable y obsoleta, que en verdad yo creo". Continúa diciéndolo con tanta firmeza y persistencia que después de un rato tu mente exclame con asombro: "En verdad, él cree". Entonces tu mente ya no te frustrará pues se convertirá en un instrumento dispuesto para tu fe. Incluye en tus pensamientos el patrón de pensamiento de fe.

Los sabios conocen el poder de la mente para conseguir aquello en lo que crees. El finado George Russell, famoso editor y poeta irlandés, dice: "Nos convertimos en aquello que habitualmente contemplamos". Esa es una verdad muy ingeniosa. La imagen que con frecuencia formas de ti en tu mente, la contemplación constante que haces de ti, es en lo que te conviertes. Marco Aurelio dijo: "La vida de un hombre es lo que sus pensamientos hacen de ella". Emerson declaró: "Somos lo que pensamos todo el día".

El antiguo presidente de la Northwestern University, Walter Dill Scott, después de largos años de investigación, dijo: "El fracaso o el éxito en los negocios lo determina, principalmente, no la capacidad mental, sino las actitudes mentales".

La psicología y la religión enfatizan el hecho de que aquello que practicas pensar a lo largo de un periodo extenso de tiempo determina tu futuro. La Biblia dice: "Como un hombre piensa en su corazón, (es decir, en su mente subconsciente) así es él". En el libro de

Job encontramos uno de los enunciados más ingeniosos que se hayan escrito. "Todo lo que yo temía, me ha sucedido". Efectivamente, así es. Aquello que temes durante mucho tiempo tiende a caer sobre ti debido a que has creado las condiciones favorables para el fracaso y el desastre. Si eso es así en el aspecto negativo, también podríamos decir: "Todo aquello en lo que he creído, me ha sucedido". Una vez más, el Nuevo Testamento promete: "Todo lo que pidan en oración, crean que ya lo han recibido, y lo obtendrán".

Esta verdad filosófica la practican hombres que se dedican a todo tipo de actividades. El finado Knute Rockne, gran entrenador de futbol americano, tenía cuatro reglas para determinar la selección de los jugadores de futbol para su equipo. (1) No aceptaré a ningún muchacho engreído, pues no puede enseñársele nada. (2) No aceptaré a ningún muchacho que se la pase quejándose, lamentándose o haciendo berrinches. (3) No permitiré actividades licenciosas, física o emocionalmente hablando. (4) No aceptaré a ningún muchacho con complejo de inferioridad, pues él debe creer que puede lograr las cosas. No ha de admirarnos que Knute Rockne fuera uno de los más grandes entrenadores en la historia del futbol americano de los Estados Unidos. Enseñó a los jugadores de futbol a creer, y sus equipos lograron victorias notables. Cuando creían en el resultado, este ya estaba sembrado en su mente.

Recientemente leí un nuevo libro inspirador y estimulante titulado *The Magic of Believing* [*La magia de creer*], de Claude M. Bristol. ¡Qué maravilloso título! Lo seleccioné como el subtítulo para este sermón. Tengo una gran deuda con el autor por sus puntos de vista originales y por estimular el pensamiento.

En este libro, el autor presenta un argumento que Thoreau enseñó hace mucho tiempo acerca de que la forma de lograr algo con éxito consiste en formar una imagen mental de ti, lográndolo. Presenta algunos ejemplos destacados. Uno de ellos se refiere a un experto pescador, quien, mientras sus compañeros lograban poca pesca, sacaba una trucha tras otra. Por supuesto, sus compañeros estaban asombrados y le preguntaron cómo lo lograba. Les respondió en forma vaga: "¡Ah! Solamente les pongo un poco del viejo pípiti-pápiti (su palabra para hacer referencia a la magia)". Cuando se le preguntó qué era lo que quería decir, respondió: "Me siento en el bote e imagino a los peces nadando hacia mi cebo. Imagino a los peces picando y, simplemente, los saco".

El autor agrega una nota a pie de página a efecto de que el editor de deportes de un importante periódico del noroeste [de Estados Unidos], que ha estudiado los hábitos de los peces durante 40 años, diga que este método no es tan tonto como pudiera parecer; que, aunque no puede explicarlo, parece existir una conexión psíquica entre la mente humana y las acciones de los peces. También declara que en el juego de golf, si un jugador se visualiza intensamente dando un buen golpe, tendrá la tendencia a darlo. Un vendedor que constantemente se imagina haciendo buenas ventas, logrará un buen récord.

Probé este principio la otra noche porque creo firmemente en la magia de creer. Mi esposa, mis tres hijos y yo llegamos a las seis de la tarde a la Estación Pensilvania cargados con maletas. Nos dirigimos al sitio de taxis. Al darme cuenta que eran las seis de la tarde, cuando el movimiento del tráfico en Nueva York es muy pesado, comencé a decir para mí mismo con una actitud negativa: "Definitivamente, será imposible conseguir un taxi". Incluso hice este comentario a uno de mis hijos. Entonces, de pronto, me sentí avergonzado y me dije: "Te presentas delante del público, semana tras semana, y alientas a la gente a que tenga pensamientos positivos, y aquí estás afirmando que no habrá taxis disponibles. ¿Por qué no practicas este principio positivo propuesto en *La magia de creer* y formas una imagen mental de un taxi acercándose para llevarnos a casa?" Así que cambié mi actitud mental, diciéndome: "Cuando toque mi turno, vendrá un taxi para llevarnos. Se detendrá justo donde yo estoy". Afirmé esto con un pensamiento positivo, formando una imagen en mi mente. ¿Y qué creen? Mi esposa estaba parada a unos diez metros de mí y en eso llegó un taxi, pero no llegó a donde yo estaba, sino directo a donde estaba ella.

Esto podría parecer un ejemplo sin importancia, pero se basa en una verdad firme. Condiciona tu mente a creer que las cosas van a suceder a tu favor, en lugar de creer que van a suceder en contra tuya. Piensa mal y las cosas saldrán mal. Como me dijo en una ocasión el capitán Eddie Rickenbacker: "Piensa en adversidad y obtendrás adversidad. Piensa en victoria y obtendrás victoria, porque la mente tiende a crear lo que visualizan tus pensamientos". Tanto en las cosas pequeñas como en los asuntos importantes, es un hecho que: "Todo es posible para el que cree".

Tengo un amigo, que es toda una personalidad. Tenía un problema muy complicado acerca del cual me escribió. Le contesté y le dije que oraría por él y lo alenté a que orara y a que creyera que en ese momento su problema se estaba resolviendo. Las cosas comenzaron a mejorar. Tiempo después, fui a la ciudad donde él se encontraba.

Me dijo: "Me sucedió la cosa más extraña. Sabía que tú estabas orando. Yo también estaba orando y practicando la fe; de repente, simplemente supe que todo se iba a resolver. Estaba creyendo que así sería, esperando que, de hecho, sucediera.

Puse mi mano en su hombro y exclamé: "¡De eso se trata! Ese es el gran principio. Esperabas que sucediera. Eso hizo que sucediera. Aprendiste a creer. Esa fue la respuesta".

Me miró con una actitud de fe sencilla y dijo: "De eso se trata. Eso es lo que quiere decir la Biblia. Ora, pero pon todo en las manos de Dios y luego, cree: "Todo es posible para el que cree".

Simplemente que puedas creer, ese es el meollo del asunto. Y la única forma de hacerlo es mediante la práctica. Cuando salgas de esta iglesia esta mañana y vayas caminando por la calle, practica decir: "¡Creo, creo! ¡Es posible, es posible, es posible!; Dios hará que así sea y yo estoy en sus manos". Todo puede cambiar para ti si aprendes a creer, y puedes comenzar el proceso del cambio de inmediato, tan pronto como empieces a creer.

Por supuesto, este asunto de creer es más profundo. Lo que he dicho hasta el momento podría dar razones para acusarme de poner un énfasis indebido en los poderes psicológicos de la mente humana. Nunca cometas ese error. Creo que los mecanismos psicológicos y psiquiátricos son ayuda y solo ayudas para la grandeza de la fe. La fe es algo religioso. No creemos nada más en nosotros mismos; tenemos fe en Dios, la fuente original del poder. La fe es la fuerza más poderosa para cambiar la vida en este mundo. No cambiamos por nuestros propios esfuerzos. Quizás mejores, pero no cambiarás en esencia. Los hombres no son cambiados por la educación, ni siquiera por la educación religiosa. No somos cambiados primordialmente por la fe en nuestros propios poderes, sino que somos cambiados por la fe en Jesucristo. Ten fe en que Jesucristo lleva a cabo cosas maravillosas para ti y las llevará a cabo. Esa es la enseñanza del Nuevo Testamento: el sorprendente poder de la fe en Jesucristo. "Si puedes creer (en Él), todas las cosas son posibles".

Indudablemente, hay personas que durante años han estado luchando con condiciones contraproducentes, pobres almas desdichadas. Hay jóvenes aquí que están dándose cuenta de los difíciles problemas que debemos encarar. ¿Cómo puedes enfrentar esos problemas con éxito? Muchas veces me pasa que no tengo ni pizca de duda de que toda persona en esta congregación puede darle la bienvenida a un poder maravilloso en su vida si practica la creencia en la gracia de Jesucristo.

Un hombre me escribió una carta contándome cuán derrotado estaba. De hecho, dijo que prácticamente había quedado en la miseria. Vagaba de ciudad en ciudad, viviendo de la generosidad de la gente. Era un hombre educado. Había quedado vencido por el licor y por un profundo complejo negativo que lo había reducido a un estado de desdicha. No tenía confianza en sí mismo; no tenía fe en su capacidad. Un día —me informó— alguien le dio un libro escrito por este servidor. Leyó este libro que, al igual que *La magia de creer,* también enseña el poder de la fe, el asombroso efecto de la creencia. Estos principios y técnicas parecían fascinar a su mente. Se dirigió a un lugar tranquilo, oró e hizo exactamente lo que sugería el libro, diciendo: "No puedo hacer nada por mí mismo, pero creo que Dios puede ayudarme". Él empleó el poder de la fe. Creyó, y en ese momento, la magia de creer comenzó a trabajar en él. Así que me escribió: "Ahora soy contador en esta ciudad, con un buen negocio; el pasado ha quedado atrás. Tengo fuerza y felicidad en mi vida. Todo esto se dio a partir del momento en el que aprendí a creer".

Permíteme que lo repita de nuevo: Nada en este mundo puede derrotarte si practicas creer en el poder de Dios para renovar y transformar tu vida. "Todo es posible para el que cree (ese es el secreto)."

LA FORMA PERFECTA DE VENCER LA PREOCUPACIÓN[11]

DALE CARNEGIE

He regresado... Bueno, estuve a punto de decir que había regresado a la religión, pero eso no sería preciso. He avanzado hacia un nuevo concepto de religión. Ya no tengo el menor interés por las diferencias de credo que dividen a las iglesias, pero estoy sumamente interesado en lo que la religión, la electricidad, los buenos alimentos y el agua hacen por mí. Me ayudan a llevar una vida más rica, plena y feliz. Pero la religión hace mucho más que eso. Me brinda valores espirituales. Me proporciona, como lo expresa William James, "un nuevo gusto por la vida... más vida, una vida más larga, más rica, más satisfactoria". Me proporciona fe, esperanza y valentía. Hace que se desvanezcan las tensiones, las ansiedades, los miedos y las preocupaciones. Le da propósito a mi vida... y dirección. Expande enormemente mi felicidad. Me proporciona salud en abundancia. Me ayuda a crear para mí "un oasis de paz en medio de las arenas movedizas de la vida".

Francis Bacon tenía razón cuando hace 400 años dijo: "Un poco de filosofía inclina a los hombres al ateísmo, pero una filosofía profunda los acerca a la religión".

Puedo recordar los días en que la gente hablaba acerca del conflicto entre la ciencia y la religión. Pero ya no más. La más nueva de las ciencias —la psiquiatría— está enseñando lo que Jesús enseñó. ¿Por qué? Porque los psiquiatras se están dando cuenta de que la oración y una intensa fe religiosa desvanecerán las preocupaciones, las ansiedades, las tensiones y los miedos que ocasionan más de la mitad de nuestras enfermedades. Saben, como dijo uno de sus líderes, el doctor A. A. Brill, que "una persona verdaderamente religiosa no desarrolla una neurosis".

Si la religión no es cierta, entonces la vida no tiene sentido. Es una farsa trágica.

Entrevisté a Henry Ford unos pocos años antes de su muerte. Antes de conocerlo, esperaba que mostrara las tensiones de los largos años que había pasado construyendo y administrando una de las empresas más grandes del mundo. Así pues, quedé sorprendido cuando observé lo calmado, lo saludable y lo sosegado que se veía a los 78 años de edad. Cuando le pregunté si alguna vez llegaba a preocuparse, me contestó: "No. Creo que Dios se hace cargo de todo y que Él no necesita ningún consejo de mi parte. Tengo la creencia de que, estando Dios a cargo, al final el resultado será el mejor. Así que, ¿para qué preocuparse?

En las primeras páginas de este libro mencioné que cuando los jueces trataron de escoger la mejor historia sobre el tema de la preocupación que habían enviado mis estudiantes, tuvieron tanta dificultad en elegir entre dos historias excepcionales que el dinero del premio tuvo que dividirse. A continuación, presento la historia que quedó en empate con el primer lugar: la inolvidable experiencia de una mujer que tuvo que descubrir por la vía difícil que "no podía arreglárselas sin Dios".

Voy a llamar a esta mujer Mary Cushman, aunque ese no es su nombre verdadero. Ella tiene hijos y nietos que podrían avergonzarse al ver esta historia impresa, de manera que estuve de acuerdo en ocultar su identidad. Sin embargo, la mujer es real, muy real. Hace unos cuantos meses, se sentó en el sillón que está junto a mi escritorio y me contó su historia. Aquí la presento:

Relató: "Durante la Depresión, mi esposo tenía un sueldo promedio de 18 dólares a la semana. Muchas veces ni siquiera recibíamos eso porque no le pagaban cuando estaba enfermo, lo cual ocurría con frecuencia. Tuvo una serie de accidentes menores; también tuvo paperas, fiebre escarlatina y ataques repetidos de influenza. Perdimos la pequeña casa que habíamos construido con nuestras propias manos. Debíamos 50 dólares a la tienda de abarrotes y teníamos cinco hijos a los cuales alimentar. Yo les lavaba y les planchaba a los vecinos, compraba ropa de segunda mano en la tienda del Ejército de Salvación y la remendaba para que la usaran mis hijos. Me enfermé de la preocupación. Un día, el encargado de la tienda de abarrotes a la que debíamos 50 dólares acusó a mi hijo de once años de robar un par de lápices. Mi hijo lloró mientras me lo contaba. Yo sabía que él era honesto y sensible, y sabía que lo habían puesto en evidencia y lo habían humillado frente a otras personas. Esa fue la gota que derramó el vaso. Pensé en la miseria que habíamos soportado y no podía ver ninguna esperanza en el futuro. Debo haberme vuelto temporalmente loca debido a la preocupación, porque apagué la lavadora, metí a mi hija de cinco años a la recámara y rellené las aberturas de las ventanas y las grietas con papel y trapos. Mi hijita me dijo: 'Mami, ¿qué estás haciendo?' y le respondí: 'Está entrando una corriente de aire'. A continuación abrí la llave del calentador de gas que teníamos en la recámara y no lo encendí. Cuando me acosté en la cama junto a mi hija, me dijo: 'Mami, es extraño, ¡nos acabamos de levantar hace un rato!', y le respondí: "No te preocupes, vamos a tomar una pequeña siesta'. Luego, cerré los ojos, escuchando que el gas se escapaba del calentador. Nunca olvidaré el olor de ese gas....

"De repente, pensé que estaba oyendo música. Puse atención para escuchar. Había olvidado apagar el radio de la cocina. No tenía importancia, pero la música continuaba y en ese momento, oí que alguien cantaba un antiguo himno:

¡Qué amigo tenemos en Jesús,
que puede cargar todos nuestros pecados y lamentos!
Qué privilegio llevar
todo a Dios en la oración.
Ah, a qué paz con frecuencia renunciamos
ah, qué dolores innecesarios soportamos
¡Todo debido a que no llevamos
todo a Dios en la oración!

"Mientras escuchaba ese himno, me di cuenta de que había cometido un trágico error. Había tratado de pelear yo sola mis terribles batallas. No había entregado todo a Dios en la oración... Me puse de pie de un salto, cerré la llave del gas, abrí la puerta y las ventanas.

"Lloré y oré durante el resto de ese día. Solo que no oré pidiendo ayuda; en lugar de eso, abrí mi alma y mi corazón dándole las gracias a Dios por las bendiciones que me había otorgado: cinco espléndidos hijos, todos buenos y saludables, fuertes de cuerpo y mente. Prometí a Dios que nunca volvería a mostrarme tan desagradecida, y he cumplido esa promesa.

"Incluso después de que perdimos nuestro hogar y tuvimos que mudarnos a una pequeña escuela en el campo, que rentábamos por cinco dólares al mes, le di las gracias a Dios por esa pequeña escuela. Le agradecí el hecho de que, al menos, teníamos un techo para mantenernos calientes y secos. Le di las gracias a Dios honestamente porque las cosas no fueran peor y tengo la creencia de que me oyó, porque con el tiempo las cosas mejoraron, no de la noche a la mañana, pero a medida que la Depresión fue amainando, ganamos un poco más de dinero. Conseguí trabajo como encargada de guardarropa en un club campestre grande y vendía medias como actividad complementaria. Con el fin de apoyarse para terminar de estudiar la universidad, uno de mis hijos consiguió trabajo en una granja: ordeñaba trece vacas en la mañana y trece en la noche. Actualmente, mis hijos son adultos y están casados; tengo tres hermosos nietos. Y cuando recuerdo aquel terrible día en que abrí la llave del gas, agradezco a Dios una y otra vez por haber podido 'despertar' a tiempo. ¡Cuántas alegrías me habría perdido si hubiera llevado a cabo ese acto! ¡A cuántos años maravillosos hubiera renunciado por siempre! Cada vez que sé de alguien que quiere acabar con su vida, me dan ganas de gritar: '¡No lo hagas! ¡No!'. Los momentos más negros por los que pasamos pueden durar solo un tiempo corto, y luego viene el futuro...".

Mahatma Gandhi, el mayor líder hindú desde Buda, habría sufrido un colapso si no hubiera sido inspirado por el poder sustentador de la oración. ¿Cómo lo sé? Porque el mismo Gandhi lo dijo. Él escribió: "Sin la oración hace mucho tiempo me habría vuelto loco".

Cuando estamos estresados y llegamos al límite de nuestra propia fortaleza, muchos recurrimos a Dios con desesperación. "No hay ateos en las trincheras"*. ¿Pero para qué esperar hasta estar desesperados? ¿Por qué no renovar nuestra fortaleza todos los días? ¿Por qué esperar incluso hasta el domingo? Durante años he tenido el hábito de entrar a iglesias vacías entre semana por la tarde. Cuando siento que voy demasiado aprisa como para tomarme unos cuantos minutos para pensar en cosas espirituales, me digo: "Espera un momento, Dale Carnegie, espera un momento. ¿Para qué toda esta prisa febril, jovencito? Necesitas hacer una pausa y tener un poco de perspectiva". En esos momentos, con frecuencia entro en la primera iglesia que encuentro abierta. Aunque soy protestante, a menudo entre semana por la tarde entro a la Catedral de San Patricio en la Quinta Avenida y me recuerdo que en los siguientes 30 años estaré muerto, pero que las grandes verdades espirituales que enseñan todas las iglesias son eternas. Cierro los ojos y me pongo a orar. Encuentro que esto me calma los nervios, da descanso a mi cuerpo, aclara mi perspectiva y me ayuda a revaluar mis valores. ¿Me permites recomendarte esta práctica?

---

* [N del T: Se trata de un aforismo empleado para argumentar que en casos de miedo o estrés extremo, como en una guerra, por ejemplo, la mayoría de las personas tienden a creer en la existencia de un ser superior.]

Durante los últimos seis años que he estado escribiendo este libro, he recopilado cientos de ejemplos y casos concretos sobre la forma en la que hombres y mujeres han vencido el miedo y la preocupación a través de la oración. Tengo mi archivero repleto de historias de ese tipo. Tomemos como un ejemplo típico la historia de un vendedor de libros desalentado y descorazonado, John R. Anthony. El señor Anthony es ahora un abogado en Houston, Texas, con oficinas en el Humble Building. Esta es su historia tal y como me la contó:

"Hace 22 años cerré mi bufete jurídico para convertirme en el representante estatal de una compañía estadounidense de libros de derecho. Mi especialidad era vender un conjunto de libros de derecho a los abogados, un conjunto de libros que era casi indispensable.

"Me capacitaron diestramente y a conciencia para el trabajo. Conocía todos los diálogos para las ventas directas y las respuestas convincentes a las posibles objeciones. Antes de visitar a un cliente potencial, me familiarizaba con su clasificación como abogado, con la naturaleza de su práctica, sus políticas y pasatiempos. Durante mi entrevista usaba esa información con gran destreza. Sin embargo, algo estaba mal. ¡Sencillamente no podía conseguir que me hicieran pedidos!

"Me desanimé. A medida que pasaban los días y las semanas, redoblé los esfuerzos, pero seguía siendo incapaz de cerrar suficientes ventas como para cubrir mis gastos. Una sensación de miedo y terror fue creciendo en mi interior. Tenía miedo de visitar a la gente. Antes de poder entrar en la oficina de un cliente potencial, ese terror crecía con tanta fuerza que caminaba de un lado a otro por el corredor, o salía del edificio y le daba la vuelta a la manzana. Entonces, después de perder mucho tiempo valioso y aparentar tener valor suficiente mediante la simple fuerza de voluntad para abrir la puerta de la oficina, giraba tímidamente la perilla de la puerta con mano temblorosa, ¡casi esperando que mi cliente potencial hubiera salido!

"Mi gerente de ventas me amenazó con detener mis pagos por adelantado si no enviaba más pedidos. Mi esposa en casa me rogaba que le enviara dinero para pagar la deuda que ella y mis tres hijos tenían en la tienda de abarrotes. La preocupación me agobiaba. Mi desesperación crecía día tras día. No sabía qué hacer. Como dije anteriormente, había cerrado mi bufete jurídico y había renunciado a mis clientes. Ahora estaba en bancarrota. Ni siquiera tenía dinero para pagar la cuenta del hotel. Tampoco tenía dinero para comprar mi boleto de regreso a casa. No tenía el valor para regresar a casa como un hombre derrotado, incluso si hubiera tenido el boleto. Finalmente, después de terminar otro día malo, caminé con dificultad de regreso a mi hotel, pensando que sería la última vez. En lo que a mí concernía, estaba totalmente derrotado. Descorazonado y deprimido, no sabía a dónde dirigirme. No me importaba si vivía o moría. Lamentaba haber nacido. Solo tomé un vaso de leche caliente en la cena y eso era más de lo que me podía permitir. Esa noche comprendí la razón por la que los hombres desesperados abren la ventana de los hoteles y saltan al vacío. Tal vez yo mismo lo hubiera hecho de haber tenido el valor. Comencé a preguntarme cuál era el propósito de la vida. No lo sabía. No podía descifrarlo.

"Ya que no había nadie más a quién recurrir, recurrí a Dios. Comencé a orar. Le imploré al Todopoderoso que me brindara iluminación, comprensión y orientación en la oscuridad, en la densa jungla de la desesperación en la que me encontraba envuelto. Le pedí a Dios que me ayudara a obtener pedidos para mis libros y que me diera dinero para alimentar a mi mujer y a mis hijos. Después de esa oración, abrí los ojos y vi una Biblia de Gedeón. La abrí y leí esas hermosas promesas inmortales de Jesús que deben haber inspirado a innumerables generaciones de hombres solitarios, preocupados y abatidos a lo largo de las eras: una charla que Jesús dio a sus discípulos acerca de cómo no preocuparse:

'No se preocupen por su vida, qué comerán o beberán; ni por su cuerpo, cómo se vestirán. ¿No tiene la vida más valor que la comida, y el cuerpo más que la ropa? Fíjense en las aves del cielo: no siembran ni cosechan ni almacenan en graneros; sin embargo, el Padre celestial las alimenta. ¿No valen ustedes mucho más que ellas? Más bien, busquen primeramente el reino de Dios y su justicia, y todas estas cosas les serán añadidas'.

"Mientras oraba y leía esas palabras, sucedió un milagro: desapareció mi tensión nerviosa. Mis ansiedades, miedos y preocupaciones se transformaron en un valor y esperanza reconfortantes y en una fe triunfante.

"Estaba feliz, aunque no tuviera suficiente dinero para pagar la cuenta del hotel. Me acosté y dormí a pierna suelta, libre de preocupaciones, como no lo había hecho en muchos años.

"A la mañana siguiente, apenas podía contenerme esperando a que abrieran las oficinas de mis clientes potenciales. Me acerqué con un paso audaz y positivo a la puerta de la oficina de mi primer cliente potencial en ese hermoso día frío y lluvioso. Giré la perilla de la puerta tomándola con firmeza y seguridad. Al entrar me dirigí en línea recta hacia mi cliente, con vigor, con la barbilla levantada y con la dignidad apropiada, todo sonrisas y diciendo: '¡Buenos días, señor Smith! ¡Soy John R. Anthony de la Compañía de Libros Jurídicos All-American!'. 'Ah, sí, sí', me contestó sonriendo también, mientras se levantaba de su silla con la mano extendida. 'Me da gusto verlo. ¡Siéntese!'.

"Obtuve más ventas ese día que las que había logrado en semanas. Esa noche regresé orgulloso a mi hotel, ¡como un héroe conquistador! Me sentía como un hombre nuevo. Y era un hombre nuevo, ¡porque tenía una actitud mental nueva y victoriosa! Esa noche no cené leche caliente. ¡No, señor! Cené bistec con todo y sus guarniciones. A partir de ese día, mis ventas ascendieron enormemente.

"Volví a nacer aquella noche desesperada hace 22 años en un pequeño hotel en Amarillo, Texas. Mi situación externa al día siguiente había sido la misma que la de mis semanas de fracaso, pero algo extraordinario había sucedido en mi interior. De repente me había vuelto consciente de mi relación con Dios. Un simple hombre puede ser derrotado con facilidad, pero un hombre vivo con el poder de Dios dentro de sí, es invencible. Lo sé. Lo vi ocurrir en mi propia vida.

"Pidan y se les dará; busquen y encontrarán; llamen y se les abrirá.

Conozco hombres que consideran que la religión es cosa de mujeres, niños y predicadores. Se enorgullecen de ser "machos" que pueden pelear solos sus batallas.

Cuán sorprendidos quedarían al saber que algunos de los "machos" más famosos del mundo oran todos los días.

Por ejemplo, el "macho" Jack Dempsey me comentó que nunca se va a dormir sin haber rezado. Me dijo que nunca comienza a comer sin antes agradecer a Dios por sus alimentos; que oraba todos los días, mientras entrenaba para la pelea y durante la pelea misma; que siempre oraba justo antes de que sonara la campana para cada round. Expresó: "Orar me ayuda a pelear con valor y confianza".

El "macho" Connie Mack me dijo que no podía conciliar el sueño sin antes haber rezado.

El "macho" Eddie Rickenbacker me comentó que tenía la creencia de que la oración había salvado su vida. Él ora todos los días.

El "macho" Edward R. Stettinius, antiguo alto ejecutivo de la General Motors y la United States Steel, y ex secretario de Estado, me dijo que oraba para tener sabiduría y orientación todas las mañanas y todas las noches.

El "macho" J. Pierpont Morgan, el financiero más importante de su época, con frecuencia iba solo los sábados por la tarde a la Iglesia de la Trinidad, ubicada, en un extremo de Wall Street, y que se arrodillaba para orar.

Cuando el "macho" Eisenhower voló a Inglaterra para asumir el mando supremo de las fuerzas británicas y estadounidenses, solo llevó con él un libro en el avión: la Biblia.

El "macho" general Mark Clark me dijo que leyó la Biblia todos los días durante la guerra y que se arrodillaba para orar. Lo mismo hacía Chian Kai-shek y el general Montgomery, "Monty, la Leyenda de El Alamein". Lo mismo hizo Lord Nelson en Trafalgar. También el general Washington, Robert E. Lee, Stonewall Jackson y decenas de otros grandes líderes militares.

Estos "machos" descubrieron la verdad de la declaración de William James: "Dios y nosotros tenemos asuntos mutuos; y al abrirnos a Su influencia, se completa nuestro destino más profundo".

El almirante Byrd sabe lo que significa "enlazarnos con la energía motriz inagotable que hace que el universo gire". Su capacidad para llevar a cabo eso fue lo que lo hizo salir adelante en la prueba más difícil de su vida. Narra la historia en su libro *Alone* (Solo). En 1934, pasó cinco meses en una cabaña enterrada debajo de la capa de hielo de la Barrera de Ross en la Antártida. Él era la única criatura viviente al sur de la latitud 78. Las ventiscas rugían por encima de la cabaña; el frío descendía a –63° C; estaba totalmente rodeado por una noche interminable. Y luego descubrió, para su horror, ¡que el monóxido de carbono que escapaba de su estufa lo estaba envenenando lentamente! ¿Qué podía hacer? La ayuda más cercana se encontraba a unos 200 kilómetros de distancia y no era posible que llegara a él antes de que transcurrieran varios meses. Trató de arreglar su estufa y el sistema de ventilación, pero el humo seguía escapándose. Con frecuencia lo dejaba noqueado. Se quedaba totalmente inconsciente en el piso. No podía comer; no podía dormir; se debilitó tanto que con dificultad se levantaba de su catre. A menudo temía no llegar vivo a la mañana siguiente. Estaba convencido de que moriría en esa cabaña y que su cadáver quedaría oculto bajo las nieves perpetuas.

¿Qué salvó su vida? Un día, en lo profundo de su desesperación, tomó su diario y trató de establecer su filosofía de vida. Escribió: "La raza humana no está sola en el universo". Pensaba en las estrellas en lo alto, en el movimiento ordenado de las constelaciones y los planetas, en cómo el sol eterno regresaría en su momento para iluminar incluso las regiones deshabitadas del Polo Sur. Y luego escribió en su diario: "No estoy solo".

Esta comprensión de que él no estaba solo —ni siquiera en un agujero en el hielo en los confines de la tierra— fue lo que salvó a Richard Byrd. Manifestó: "Sé que eso me permitió sobrevivir". Y continuó: "Pocos hombres a lo largo de su vida están cerca siquiera de agotar los recursos que tienen en su interior. Hay reservas profundas de fortaleza que jamás utilizan". Richard Byrd aprendió a aprovechar esas reservas de fortaleza y a utilizar esos recursos, recurriendo a Dios.

¿Por qué la fe religiosa nos trae tanta paz, calma y fortaleza? Permitiré que William James responda esa pregunta. Él dice: "La ola turbulenta de la superficie agitada deja las partes profundas del océano sin ser perturbadas; y para aquel que contempla realidades más vastas y permanentes, las vicisitudes frecuentes de su destino personal parecen cosas relativamente insignificantes. De acuerdo con esto, la persona realmente religiosa es inamovible y está llena de ecuanimidad, y está preparada y en calma para cualquier deber que tenga que cumplir ese día".

Si estás preocupado y ansioso, ¿por qué no probar con Dios? ¿Por qué no, como dijo Immanuel Kant, "aceptar una creencia en Dios debido a que necesitamos dicha creencia"? ¿Por qué no conectarnos ahora "con la fuerza motriz inagotable que hace girar al universo"?

Incluso si no eres una persona religiosa por naturaleza o por entrenamiento, incluso si eres totalmente escéptico, la oración puede ayudarte mucho más de lo que crees, porque es algo práctico. ¿Qué quiero decir con práctico? Quiero decir que la oración llena estas tres necesidades psicológicas muy básicas que todas las personas comparten, ya sea que crean en Dios o no:

1. La oración nos ayuda a poner en palabras exactas lo que nos aqueja. Orar, en cierta forma, es muy parecido a escribir nuestro problema en papel. Si pedimos ayuda para resolver un problema —incluso a Dios— debemos ponerlo en palabras.
2. La oración nos brinda la sensación de que estamos compartiendo nuestras cargas, de que no estamos solos. Pocos somos tan fuertes como para poder soportar nuestras cargas más pesadas, nuestras dificultades más angustiosas, por nosotros mismos. A veces nuestras preocupaciones son de una naturaleza tan íntima que no podemos comentarlas ni siquiera con nuestros parientes o amigos más cercanos. Así pues, la oración es la respuesta. Cualquiera nos dirá que cuando estamos tensos y reprimidos, y con nuestro espíritu agonizante, es terapéuticamente apropiado contarle a alguien nuestras dificultades. Cuando no podemos contárselo a alguien más, siempre se lo podemos contar a Dios.
3. La oración pone en acción un principio activo de hacer. Es el primer paso hacia la acción. Dudo que una persona ore, día tras día, para lograr que algo se realice, y no se beneficie de ello; en otras palabras, que no dé algunos pasos para llevarlo a cabo. El científico mundialmente famoso Alexis Carrel dijo: "La oración es la forma más poderosa de energía que alguien puede generar". Así pues, ¿por qué no aprovecharla? Llamémosle Dios, Alá

o Espíritu: ¿por qué discutir en cuanto a definiciones en tanto los poderes misteriosos de la naturaleza nos lleven de la mano?

Ora bien el que bien ama
al hombre, al ave y a la bestia.
ora mejor quien mejor ama
a las cosas grandes y pequeñas;
porque el Dios amado, quien nos ama,
a todos nos creó, y a todos ama.

UNA ORACIÓN QUE FUNCIONÓ

RUSSELL CONWELL*

TODOS han oído historias de oraciones que produjeron respuestas inusualmente rápidas o efectivas. Algunas de ellas son mundialmente famosas, como la oración de Muller por comida para su orfanato; o la oración de la madre del presidente Garfield en la bañera, cuando su hijo se perdió en el bosque; o la oración de Loest para tener dinero para pagar su hipoteca al día siguiente; o la oración del niño inglés para que se restaurara la visión de su hermana ciega.

Sin embargo, ¿ha oído alguno de ustedes en alguna ocasión acerca de una banda de secuestradores que, obligada por la oración, devolvió a un niño secuestrado? Aquí está la crónica exacta de dicho caso, y si no fue la oración la que logró el regreso seguro del niño, entonces quisiera que me dijeran ustedes qué fue responsable de esto.

Ya se ha sugerido la posible relación entre la ley de la telepatía mental y esta experiencia, y no necesita repetirse aquí. No obstante, la compasión generalizada hacia los padres del niño que había sido robado condujo a que muchos cristianos oraran por la recuperación del precioso pequeño. Hace algunos años en el

---

Templo Bautista se presentó un caso semejante en los servicios eclesiásticos y se hizo una solicitud para que la gente pidiera al Señor que influyera en los secuestradores para que devolvieran al niño. Esto condujo a la discusión de muchos casos previos donde los padres creían que su hijo perdido les había sido devuelto en respuesta a la oración. En dos casos el niño había sido dejado con cuidado a la puerta de sus padres. En ambos casos realizaron reuniones especiales con los vecinos para orar por el retorno de su hijo, y en un caso habían solicitado que el sacerdote intercediera. Si el Señor usó su poder directo para hacer que los niños regresaran a su casa, debe haberlo usado a través de algún evento o a través de alguna sugerencia directa que tuvo influencia en la mente de los captores, debido a que en los casos que se mencionan, no se reveló una clave que condujera a ellos.

Pero el caso que voy a narrar posiblemente ilustre lo que muy probablemente ocurrió en otros casos. Hace algunos años, un niño de dos años fue robado de un jardín frente a una casa en Charlestown, Massachusetts (que ahora es parte de Boston). Se exigió un enorme rescate que estaba muy por encima de las posibilidades de los padres. Después de varias semanas de búsqueda activa por parte de las organizaciones policiacas de la nación, el niño fue devuelto secretamente, sin que se pagara el rescate, y dejado a la puerta de sus padres. Un miembro de la banda de secuestradores que había conspirado para secuestrar niños y pedir rescates, y que había preparado el plan exitoso para capturar al niño, fue arrestado varios días después de que devolvieran al niño y confesó su participación en el crimen. Su narración de las influencias y eventos que condujeron a la devolución del niño fue una ilustración impresionante y convincente de las fuerzas espirituales que Dios puede utilizar en tales casos.

La banda de cuatro secuestradores no pudo tranquilizar al niño cuando se lo llevaron y tuvieron que amordazarlo, lo cual casi ocasionó que el niño muriera. Pero el asustado pequeño gritaba siempre que le quitaban la mordaza y no quería comer ni beber. Era evidente que el niño estaba próximo a la muerte. Entonces uno de los secuestradores llevó al niño con una mujer que ocupaba un cuarto ubicado arriba de una cantina en Brooklyn, Nueva York. La mujer pudo tranquilizar al niño y explicó a sus conocidos que el niño era huérfano, pues su madre, quien era un familiar cercano, acababa de morir. La mujer sabía que el niño había sido secuestrado y que estaban pidiendo rescate por él; le habían prometido una parte importante del rescate. Sin embargo, no sabía de qué parte del país provenía el niño. Era una mujer ruda, profana, indiferente a la religión, y a quien solo le interesaba el dinero y la bebida. Pero, un día, envió una carta al lugar donde se encontraba la banda de secuestradores, diciéndoles que tenía un claro presentimiento de que algo terrible les sucedería si no apresuraban el asunto de la devolución del niño. Como no pusieron atención a sus advertencias, les escribió de nuevo, diciendo que cuidaría del niño otros diez días. Entonces, la visitaron o le escribieron para que cuidara al niño tres semanas más, porque para ese momento estaban seguros de recibir el botín.

A la semana siguiente, a un miembro de la banda se le quedó atorado el pie en una ventana de guillotina cuando trataba de saltar a la escalera de incendios y murió quemado mientras se quedó ahí colgado. Cuando se había despertado se había encontrado con un fuerte incendio en el hotel y el único escape que quedaba era por la ventana. Otro miembro de la banda se tragó un botón roto de vidrio mientras comía deprisa un panecillo en el restaurante junto a las vías del ferrocarril. Lo llevaron a un hospital en Montreal, donde falleció después de una larga agonía y fue sepultado en la fosa común.

Cuando la mujer que cuidaba al niño se enteró de todo eso, audazmente llevó al niño a la casa donde se reunían los otros tres o cuatro secuestradores y les dijo llanamente que caería sobre ellos una maldición si no devolvían el niño a sus padres. Pero ellos se mofaron de la muerte de sus compinches y le dieron brandy hasta que regresó borracha a casa. Al niño se le dejó bajo el cuidado de una viuda pobre en Hoboken a la cual se le dijo que la madre del infante estaba muerta y que su padre estaba en el mar, pero que regresaría pronto. Se le pagó generosamente por adelantado para que diera hospedaje al niño, y ninguna de las circunstancias despertó la menor sospecha en la mente de la viuda. Una noche, dormía con el brazo del niño sobre su cuello. Ella despertó con la sensación terrible de que un hombre fuerte la asfixiaba hasta morir y le decía: "Se robaron a este niño y debes presentarte de inmediato ante Dios para dar una explicación". Los detalles de sus experiencias, mismos que se citan aquí, se tomaron del periódico *New York Herald*.

La viuda dijo que fue como si estuviera "soñando despierta". Había quedado tan impactada por la experiencia que no quiso seguir cuidando al niño y mandó llamar al hombre que se lo había llevado y le exigió que se lo llevara de vuelta inmediatamente. Ella no creía que la advertencia que había recibido era una premonición de algún crimen o de que el niño hubiera sido robado, pero se encontraba en un estado de extraño terror y dijo al hombre que llegó por la criatura que estaba demasiado nerviosa como para dar hospedaje a un niño.

Parece que cuando el secuestrador regresó al lugar usual de reunión, después de dejar al niño en un internado y estar de acuerdo en pagar por el hospedaje de "su hijo", descubrió que otro miembro de la banda se había enfermado repentinamente con una peligrosa fiebre. Luego, él también tuvo la impresión de que la condena se aproximaba. Esa sensación lo persiguió día y noche. Se emborrachó tanto que lo metieron a la cárcel. Durante la resaca, decidió suicidarse. Luego se volvió tan insistente la idea de que tal vez podría escapar a este horror llevando al niño de vuelta a su casa, que cuando salió de la cárcel fue a recoger al niño y lo llevó de regreso en el tren nocturno. Le dijo al balbuceante niño que golpeara la puerta de su padre y "llamara a papá". Entonces se alejó de prisa y no regresó a su antigua banda.

Este auténtico incidente puede demostrar, o no, que se dio respuesta a la oración, pero ciertamente demuestra cómo puede trabajar el Señor. Los ángeles de Dios son enviados a veces para lanzar maldiciones sobre las personas desobedientes y envían plagas terribles a los hombres. De ahí que el Señor, asimismo, use diferentes maldiciones para que se realice Su voluntad, y parece razonable creer que ciertamente lanza advertencias a los hombres y a las mujeres mediante terribles impresiones mentales.

Esta teoría queda fuertemente confirmada por los testimonios que se encuentran en la gran cantidad de correspondencia que recibo. Después de que se reza por ellos, niños perdidos son devueltos en formas sorprendentes e impresionantes. En Cape May, un pescador obedeció un impulso totalmente inexplicable y fue de regreso a los pantanos, sintiendo que había "dejado algo", pero sin poder recordar de qué se trataba. Ahí oyó el llanto de un niño perdido que caminaba con dificultad en el agua que ya le llegaba a la cintura debido a la marea creciente. Un comerciante de Wilmington, Delaware, escribió que a su hijo se lo habían llevado sus abuelos al morir su esposa, y después de que los abuelos murieron, los parientes ocultaron al niño. La razón de esta acción fue una diferencia en cuanto a creencias religiosas. Un día, el comerciante comenzó un sistema regular de oraciones con el fin de recuperar a su hijo. Se dirigió a un campamento pesquero en los bosques de Maine, en agosto, y su hijo entró a la cabaña donde él se encontraba para beber agua. Estaba con un grupo que acampaba cerca en tiendas de campaña. Otro niño robado era el hijo menor de un doctor que oró con gran intensidad y durante largo tiempo para que su hijo regresara. Cuando una pasajera tuvo fuertes escalofríos en una embarcación que se encontraba en el muelle del río Hudson, esto ocasionó que los oficiales llamaran al doctor desde el muelle para que subiera a bordo. La mujer que sentía la aflicción y su hijo estaban juntos en el mismo camarote de lujo.

Un miembro confiable de nuestra iglesia testificó que su hija se había extraviado al alejarse de la estación del ferrocarril, mientras él estaba dormido en una banca, y que no había podido encontrarla después de buscarla toda la noche. En sus oraciones familiares, oró pidiéndole al Señor entre sollozos que protegiera a su hija y se la devolviera. Dijo que una impresión, tan fuerte como una voz, insistió en su mente para que buscara en algunos almacenes de carga al otro lado del río. Los almacenes estaban a unos dos kilómetros de distancia de la estación. Dijo a sus amigos lo que había sentido, insistiendo en que iría a buscar en los almacenes. Ahí encontró a su hija hambrienta debajo de una vieja reja que se había caído. Él nunca pudo descubrir ninguna solución satisfactoria a la presencia de su hija en los patios del ferrocarril. Debe haber recorrido con dificultad los dos kilómetros entre los vehículos en la noche. A partir de ese día cree firmemente en los ángeles de la guarda.

Existen numerosos casos en los que se describen las impresiones mentales causadas en hijos que están lejos del hogar, por la influencia de la oración de una madre. Respecto a todos estos incidentes, el escéptico afirmará que aunque hubiera millones de casos donde "a hombres y mujeres les vino a la mente" la persona que estaba orando, justo en el momento en que estaba ofreciendo la oración, eso no sería una prueba concluyente de que el pensamiento fuera sugerido por la oración o constituyera una respuesta a ella. Pero esta sugerencia presenta otros casos en los que es mucho más difícil no creer, que creer. El peso de la evidencia es casi abrumador a favor del creyente cristiano.

Es casi universal la creencia de que Dios ajustará Sus providencias a fin de llevar a una persona amigos, un clima determinado, un negocio, salud y tranquilidad en el hogar en respuesta a la oración de algún amigo insistente. El general Garibaldi expresó que descubrió que su creencia en la eficacia de las oraciones de su madre para asegurar la protección de su vida cuando él estaba en peligro, era aceptada por todos sus amigos como una declaración de que, cuando menos, era posible que esto se llevara a cabo. La perspectiva del sentido común es que, cuando una teoría no puede estar sujeta a prueba en una u otra dirección, ciertamente es más sabio creer en el punto de vista que tiene la influencia más fuerte para el bien sobre la vida y la utilidad del creyente. Lo que un hombre cree, así como lo que piensa, determina lo que él es. Aquel que cree en la eficacia de las oraciones de su padre o de su madre vive una vida más noble que la del escéptico. El corazón sincero que confía y que cree que Cristo es el Hijo de Dios, y que el hombre está bajo la vigilancia de un amoroso Padre celestial, está más próximo al estándar más elevado de la perfección humana que el hombre inestable e imprudente que afirma que todas las cosas existen por casualidad.

Un amigo que ora sinceramente por ti es un amigo que sacrificaría la mayoría de las cosas por ti en caso de necesidad. Dos enamorados, separados por una gran distancia y que oran uno por el otro, manifiestan el amor más verdadero y dulce. Es también la mejor prueba de la disposición de Dios para atender las peticiones de sus hijos. No puede sentirse que una oración por otro es efectiva si no está inspirada en mayor o menor medida por un amor real. Un corazón amoroso es una muestra importante de que le precede un gran carácter. Él o ella tienen una disposición hacia la intercesión, una tendencia intrínseca a hacer el bien, y eso, aunado a una mente limpia y fuerte, lo convierte a uno en un buen cristiano. Ese tipo de personas son agradecidas con quienes oran por ellas y se sienten impelidas a orar por otros. Estas son algunas de las razones que los cristianos dan acerca de por qué la gente siempre debería orar.

NOTAS

[1] Revista *Cosmopolitan*.

[2] *Things as They Are* [*Las cosas como son*] — Doran.

[3] Morrison, A. Cressy, *Man Does Not Stand Alone* [*El hombre no está solo*], New York City, Fleming H. Revell Company.

[4] Conwell, Russell H., *Effective Prayer* [*La oración efectiva*], New York City; Harpers.

[5] Kohaus, Hannah Moore, Cortesía de *Unity Magazine*, Denver, Colorado.

[6] Leathem. Rev. W.H., *The Comrade in White* [*El compañero de blanco*], New York City–Fleming H. Revell Co.

[7] Torrey, R. A. *How to Pray* [Cómo orar], New York City–Courtesy Fleming H. Revell Co., 130 pp.

[8] Tomado de *Guideposts*, una revista mensual publicada en Pawling, Nueva York, y del libro del mismo nombre, editado por Norman Vincent Peale, *copyright* 1948 por Guideposts Associates Inc., y publicado por Prentice Hall, Inc. Nueva York 11, N.Y.

[9] Cortesía de *Readers Digest*, Pleasantville, Nueva York.

[10] Peale, doctor Norman Vincent. Tomado de su sermón *The Magic of Believing* [*La magia de creer*], cortesía de Sermon Pub. Inc. Marble Collegiate Church, N.Y.C.

[11] Reimpresión de How to stop Worrying and Star Living [Cómo dejar de preocuparse y comenzar a vivir] con permiso de Simon & Schuster, Publishers. *Copyright*, 1948, por Dale Carnegie.

TÍTULOS DE ESTA COLECCIÓN

El poder de la oración

El secreto de las eras

Los sorprendentes secretos del maestro
del lejano Oriente.

Hazte rico

Tú puedes tener riquezas.
La ley del potencial superior

Impreso en los talleres de
Trabajos Manuales Escolares,
Oriente 142 No. 216
Col. Moctezuma 2a. Secc.
Tels. 5 784.18.11 y 5 784.11.44
México, D.F.